EL PODER de los NOMBRES

Antonio Hugo
José M...ente
Raúl Sar... Julián
Rafael ...n Isabel
Fran... ...astián
C... Olga
Jesús Gabriel

Diseño de portada: Editorial Sirio, S.A.

© de la presente edición
  EDITORIAL SIRIO, S.A.   Nirvana Libros S.A. de C.V.   Ed. Sirio Argentina
  C/ Panaderos, 9   Calle Castilla, nº 229   C/ Castillo, 540
  29005-Málaga   Col. Alamos   1414-Buenos Aires
  España   México, D.F. 03400   (Argentina)

www.editorialsirio.com
E-Mail: sirio@editorialsirio.com

I.S.B.N.: 84-96595-00-5
Depósito Legal: B-14.916-2006

Impreso en los talleres gráficos de Romanya/Valls
Verdaguer 1, 08786-Capellades (Barcelona)

Printed in Spain

Galatea Griffin

EL PODER de los NOMBRES

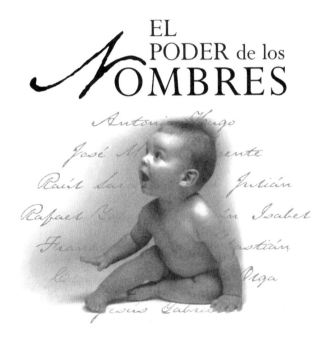

HOJAS DE LUZ
EDITORIAL

Introducción

Una de las primeras preguntas que siempre se suelen hacer acerca de un recién nacido es su nombre. Al darle un nombre al niño lo estamos individualizando, le estamos confiriendo una personalidad y una cualidad propia, que lo distinguirá de todos los demás y que le acompañará durante el resto de su vida. Damos nombres a aquello que amamos. Los niños dan nombres a sus juguetes más humildes, a las cosas que usan, distinguiéndolas así de las que les son indiferentes. Pero en los seres humanos el nombre parece que cumple una función más trascendente que la simple identificación de la persona. Ya en el año 1963 el *British Journal of Psychiatry* publicaba los resultados de una encuesta sobre una serie de nombres bastante comunes en aquellos años en Inglaterra. Así se descubrió que determinados nombres inspiraban confianza, otros hacían pensar en una persona con exceso de peso, otros más en alguien muy activo, otros en alguien muy sociable y así sucesivamente. ¿Podría ser que la vibración sonora —u otro tipo de influencia sutil— del nombre afectase de algún modo a la forma de ser y tal vez al destino de la persona? No olvidemos que su propio nombre es la palabra que el niño oirá más veces durante su vida. Los resultados de numerosos estudios llevados a cabo en las últimas décadas parecen indicar que el nombre sí ejerce una cierta influencia en áreas tan distintas como la autoestima o el rendimiento escolar del niño. Lamentablemente dichas investigaciones no nos dan una lista de los mejores nombres, algo que, por otra parte, sería imposible, teniendo en cuenta las diferencias de idiosincrasia entre los distintos países e incluso entre regiones de un mismo país. Así, el dilema sigue en pie. ¿Cómo le ponemos al niño o a la niña? ¿Le damos un nombre clásico, común y «de los de siempre» o un nombre moderno e innovador? ¿Uno sacado de la última telenovela? ¿Uno extranjero? ¿El mismo nombre del padre, de la madre, de los abuelos o de un tío? ¿Un nombre bíblico?

Al contener la etimología y el significado de miles de nombres distintos, el presente manual será una valiosa ayuda para los padres que están buscando un nombre para su bebé, ayudándolos a realizar esta importante elección de una manera más informada y más consciente.

AARÓN, ARÓN:

Procede del hebreo. Hermano mayor de Moisés.

ABAN:

Del irlandés antiguo, «pequeño abad».

ABBAS, ABASI:

En diversas lenguas significa «estrella». Nombre muy común entre los árabes.

ABDERRAMÁN:

De origen árabe, significa «misericordia, compasión». Nombre de diversos reyes durante la época de dominación árabe en la península.

ABDÓN:

Procede del árabe. Significa «siervo de Dios».

ABDUL:

Sinónimo de Abdón, «siervo de Dios».

ABEL:

Procede del hebreo *hbl*, «efímero, frágil», o tal vez del asirio *hevel*, «hijo». Nombre del segundo hijo de Adán y Eva, según el Génesis. Rasgos característicos: su razón sabe guiar y vigilar la imaginación y el corazón. Son reservados, poco exuberantes y tienen mucha voluntad.

ABELARDO:

Adaptación de Abel mediante el sufijo germánico *hard*, que significa «fuerte, duro», presente en muchos nombres masculinos.

ABELIA:

Femenino de Abel.

ABELINA:

Derivado de Abel.

ABI:

Nombre turco que significa «el hermano mayor», aunque en muchos lugares se utiliza como un diminutivo de Abel y de Abraham.

ABIGAIL:

Procede del hebreo *Ab-guilah*, «alegría del padre», aunque también podría ser «fuente de alegría». Fue la esposa de Nabal, y, en segundas nupcias, de David. Es uno de los nombres femeninos más corrientes en Brasil.

ABILENE:

Nombre de una ciudad, cerca de Damasco.

ABIR:

Procedente del árabe, signifca «perfumado».

ABITAL:

Nombre hebreo, tanto masculino como femenino. Su significado es «hijo-a del rocío».

ABRAHAM:

Procede del hebreo Ab-hamon. Según el Génesis, el primer patriarca en abandonar Ur para instalarse en Palestina se llamaba Abrah o Abram, «padre excelso», nombre que después Jahvé cambió por Ab-hamon, «padre de multitudes». De Abraham derivan las tres principales religiones monoteístas: de su primer hijo Ismael descenderían los árabes, y de su segundo, Isaac, los israelitas y a través de éstos los cristianos.

ABSALÓN:

Del hebreo, «padre de la paz». Hijo de David.

ABUNDIO:

Del latín *abundans*, «abundante, pletórico (de gracia)». Nombre muy usado por los primitivos cristianos. San Abundio, mártir español, nació en las cercanías de Córdoba a principios del siglo IX.

ACACIO:

Del griego *A-kakós*. En griego *kakós* es «malo, ruin» (de ahí caco, malhechor). Anteponiéndole la partícula «A» pasa a ser «no malo», es decir, «bueno». Era el sobrenombre de Hermes Trismegisto, benefactor de la humanidad.

ACISCLO:

Se cree que este nombre comienza con la raíz *ak*, «punta», de donde surgió el latín *Ascia*, «hacha o azada». De ahí el diminutivo *Acisculus*, «pico de picapedrero», por el que se designaba a quienes trabajaban la piedra, los canteros o lapidarios. En Cataluña, Iscle.

ADA:

Procede el hebreo *Adah*, «ornamento, belleza», aunque normalmente se utiliza como abreviación de nombres como Adela y Adelaida. Nombre llevado por la primera esposa del patriarca Esaú.

ADAIR:

Antiguo nombre escocés, «fuerte como un roble».

ADAL:

Del germánico antiguo *Athal*, que significa «noble».

ADALBERTO:

Nombre germánico: *Athal-berth*, «brillante por su nobleza». San Adalberto, obispo de Praga y patrón de Prusia, era de ilustre familia bohemia. Nacido en el año 956, murió en el 997, acribillado a lanzadas por los idólatras polacos, a quienes había ido a convertir.

ADÁN:

Nombre del primer ser humano, según el Génesis. El hebreo Adam significa literalmente «hecho de tierra»; para unos está relacionado con el color de la arcilla: *adamah*, «rojo», mientras que otros más ven simplemente en él la palabra «hombre». Rasgos característicos: son valientes, viriles y tienen un espíritu emprendedor unido a una fuerza dominadora.

ADAR:

Nombre hebreo, «noble».

ADELA:

Forma femenina de la raíz germánica *Adl*, «noble» o también «viejo, caudillo». Han existido diversas santas con este nombre: santa Adela, hija del rey de Austria Dagoberto II, abadesa de un monasterio cerca de Treves, muerta en el 735; santa Adela, viuda, última hija de Guillermo el Conquistador; santa Adela, esposa de Balduino IV, conde de Flandes. Rasgos característicos: son muy amables, encantadoras y dulces. Tienen aspecto risueño, un poco burlón y todo su temperamento expresa vivacidad. Les gusta soñar, más que pensar. Pocas veces conservan una idea el tiempo suficiente para que madure. Aman con todo su corazón. Son fieles, tiernas y muy sensibles. Se adaptan mal a los malos golpes de la vida, que las hacen rápidamente muy desdichadas. Si pudieran controlar su gran sensibilidad, serían las personas más felices. Este nombre tiene muchas variantes, entre ellas: Adelia, Adelina, Adila, Edel, Edelia, Ethel y Audrey.

ADELAIDA:

Del germánico *Adelheid*, «de noble estirpe». Se considera equivalente de Alicia y sus rasgos característicos suelen ser los mismos que los de Adela. Santa Adelaida, hija del rey de Borgoña, Rodolfo II, contrajo matrimonio siendo muy joven con Lotario II. Tras quedar viuda a los dieciocho años, fue desposeída de sus posesiones de Italia y encerrada en el castillo de Garda por Berengario II, quien pretendía hacerla esposa de su hijo. Logra escapar hasta la fortaleza de Canosa y llama en su ayuda a Otón I, emperador de Alemania. Así consigue recobrar sus derechos en el territorio italiano. Luego contrae matrimonio con Otón I y ambos son coronados emperadores tras haber jurado Otón I no entrometerse en la jurisdicción del papa y también defender a la Iglesia. En el 973 muere repentinamente Otón I, con lo que es proclamado emperador el hijo único de ambos, Otón II.

ADELARDO:

Del germánico *Athal-hard*, «noble y fuerte». Variantes: Adalaro, Adlhardo, Alardo. Contracción de Adela y Abelardo.

ADELFO:

De origen griego: *A-delphos*, «sin matriz», es decir, «hermano».

ADELGUNDA:

Del germánico *Athal-gundi*, «famosa por su nobleza». Variantes: Aldegunda, Adelgundis.

ADELINA:

Es considerado variante de Adela y también femenino de Adelino. Variantes: Adalvina, Adelvina, Etelvina, Ethelvina, Alina.

ADELINO:

Procedente de la forma germánica *Athal-win*, «amigo, de estirpe noble. Rasgos característicos: son enérgicos, llenos de vitalidad y curiosos en todo. Emprendedores y seguros de sí mismos. De inteligencia clara, tienen la capacidad de desenvolverse en las situaciones más embarazosas. Su vida es relativamente estable y se puede confiar en ellos, pues son hombres de palabra. Saben escoger a sus amigos. De excelente moralidad y un alto sentido de la amistad.

ADELTRUDIS:

Del germánico *Athal-trud*, «amado, apreciado por su nobleza» (ver Adela y Gertrudis). Variantes de este nombre son: Ediltrudis, Edeltrudis o Edeltruda. También, impropiamente, Aldetrudis.

ADIA:

Nombre procedente del swahili. Su significado es «regalo» (de Dios).

ADIEL:

Del hebreo, «adorno de Dios».

ADIRA:

Procedente del hebreo, «noble, poderosa».

ADOLFO:

Procedente del germánico *Athal-wulf*, significa «guerrero noble», utilizando la palabra *wulf* (lobo) en sentido figurado como guerrero. Nombre antes muy popular en los países germánicos y ahora, desde Adolf Hitler, casi en desuso. De él se derivan Ataúlfo y Adulfo. Rasgos: ejerce una influencia indiscutible sobre todo lo que lo rodea. Su manera de expresar sus emociones lo hacen frecuentemente irresistible. Lamentablemente, su falta de autocrítica hace que a veces se pierda en su propio juego.

ADONIA:

Femenino de Adonis.

ADONIS:

Según la mitología griega, Adonis era un joven tan bello que Afrodita, la diosa del amor, se enamoró de él.

ADRIÁN, ADRIANO:

Nombre procedente del griego, cuyo significado sería «poderoso». Para otros viene del latín, en cuyo caso significaría «nativo de la ciudad de Adria o Hadria». Rasgos característicos: son viriles y severos y tienen un gran sentido de la justicia. De naturaleza muy activa y meticulosa, les gusta la investigación y la claridad. Son austeros y le piden poco a la vida; en cambio, son dados a cierto fanatismo. Su temperamento los lleva a apegarse fuertemente a la persona amada. Hacen amigos con facilidad y su preciada compañía es siempre buscada. Santo: san Adrián, pagano y oficial del emperador romano Galerio. Es el patrón de los verdugos y de los soldados. Personajes célebres: un emperador romano, siete papas y diez patriarcas rusos.

ADRIANA:

Femenino de Adrián. Se dice que tienen temperamento ardiente y decisivo. Poseen visión comercial, pero puede faltarles sentido común para los otros aspectos de la vida. Su personalidad desprende fuerza y dinamismo, poseen magnetismo personal.

ÁFRICA:

El nombre del continente africano se popularizó en algunas partes de España a través de la Virgen de África.

Su significado es algo así como «sin frío» y «expuesta al sol».

AFRODISIO:

Nombre griego, derivado del adjetivo *aphrodisios*, «amoroso». También del nombre de Afrodita, la diosa del amor (posteriormente adoptada por el panteón romano con el nombre de Venus). Es sinónimo de Agapito.

AFRODITA:

Del griego. Personaje célebre: diosa griega de la Belleza y del Amor.

AGAPITO:

Del griego *Agapitós*, «amable», por *Agápe*, «caridad», que acabó dando nombre a los convites fraternales de los primeros cristianos. Sinónimo, por tanto, de Amable, Afrodisio, Agapitón y muchos más.

ÁGATA:

Nombre procedente del griego, que significa «mujer buena y virtuosa». Rasgos característicos: son refinadas, espirituales, muy amorosas y siempre tienen el espíritu despierto. Sobresalen en las tareas más humildes. Santa Agata, jovencita de una familia noble siciliana que fue martirizada y torturada bajo el emperador Decio, hacia el año 251, por su apego a la fe y a la castidad. Patrona de las nodrizas. Personaje célebre: Agata Christie, novelista inglesa.

AGATÓN:

Del griego *agathon*, «hombre bueno». San Agatón, nacido en Palermo. Fue elevado al pontificado en el año 678.

AGLAYA:

Procedente del griego *Aglaía*, «resplandor, belleza». Nombre de una de las tres gracias de la mitología griega, junto a Talía y Eufrosina. Puede interpretarse como «la resplandeciente».

AGNES:

Forma inglesa de Inés.

AGRIPINA:

El nombre romano Agrippa significa, según Plinio, «el que nace con los pies hacia fuera», es decir, «nacido de parto difícil, con dolor de la madre». Como gentilicio de este nombre surgió Agripinus, hecho famoso por la madre de Nerón.

ÁGUEDA:

Ésta es la forma más común del nombre, aunque son también corrientes Ágata y Agacia (en masculino, Agacio y Agatón). Del griego *Agathós*, «bueno», inmortalizado por la siciliana santa Agueda, martirizada en tiempos de Decio, y, más recientemente, por la novelista inglesa Agatha Christie.

AGUSTÍN:

El latín Augustus, «consagrado», fue siempre un nombre ilustre en Roma. Dignificado al máximo con Octavio Augusto, primer emperador romano, llegó a convertirse en un título más de la dignidad imperial. Gentilicio suyo es Augustinus, «de la familia de Augusto». Rasgos característicos: son bien equilibrados, inteligentes y comprenden bien los problemas de la vida. Son de naturaleza franca, amorosa y afectuosa. Antes de lanzarse a lo que sea, reflexionan ampliamente y a continuación acometen el problema. Su único defecto es la susceptibilidad. Santo: san Agustín (354-430), uno de los doctores más ilustres de la Iglesia de Occidente.

AGUSTINA:

Femenino de Agustín. Rasgos característicos: muy práctica, aunque tal vez no muy capacitada para captar el lado poético de la vida. De inteligencia firme pero poco brillante. Con poca imaginación. Poseen mucho sentido común y son sumamente perseverantes con tal de llegar a la meta que se han propuesto.

AÍDA:

Variante de Ada. Se popularizó a partir de la ópera de Verdi del mismo nombre.

AIKO:

Nombre japonés. Significa «niña querida».

AILEEN:

Forma irlandesa de Elena.

AIMÉE:

Versión femenina de Aimé («amado» en Francés).

AISSA:

Jesús en árabe.

AIYANA:

Nombre de los indios nativos americanos, significa «flor eterna».

AKI:

Nombre japonés. Significa «nacido en otoño».

AKIM:

Forma rusa de Joaquín.

ALAN, ALAIN:

Del antiguo galés, significa «de piel clara». Nombre muy utilizado en la Edad Media en las islas británicas y que alcanzó notable popularidad en Estados Unidos a mediados del siglo XX. Rasgos característicos: son a la vez pensadores y hombres de acción. A veces parece como si estuvieran buscando siempre opositores, adversarios. Como si su reflexión se fortificara sólo a través de luchas constantes. Al envejecer se tranquilizan.

ALASTAIR, ALISTAR:

Formas anglosajonas de Alejandro.

ALBA:

Aunque siempre ha existido la Virgen del Alba, el nombre se ha difundido más en los últimos años. Procede del latín Albus. Rasgos característicos: tienen un carácter amable, un poco caprichoso, una sensibilidad a flor de piel y son muy dadas tanto a las efusiones y a las caricias como al enfurruñamiento. Son posesivas y, muy a menudo, prefieren amar a ser amadas. Tienen una resistencia sorprendente y una vitalidad muy fuerte. Por eso son buenas amas de casa y les gustan los trabajos de interior. Son sinónimos los nombres Aurora y Helena.

ALBERICO:

Nombre germánico de significado dudoso. Para unos significa «oso noble», mientras que otros lo asimilan a «duende de los bosques».

ALBERTINA:

Forma femenina de Alberto. Rasgos: es movediza y dinámica, siempre dispuesta a salir y divertirse. Sus pies y sus manos están en continuo movimiento. De apariencia ingenua, es un manojo de nervios, siempre en actividad. Es predispuesta para el trabajo y le agradan los placeres de la vida. Muy generosa y se brinda siempre a los demás.

ALBERTO:

De origen germánico, significa «de brillante nobleza». Se trata de la variante más difundida de Adalberto, que ha superado en popularidad a la forma original gracias a sus muchos ilustres portadores. Entre ellos se encuentran san Alberto el Grande, célebre monje dominico, obispo, confesor y médico, que tuvo como discípulo a santo Tomás de Aquino. Es el patrón de los científicos, naturalistas y químicos. Además de numerosos emperadores, reyes y príncipes, tenemos Albertos destacados en todas las ciencias y artes: Alberto Durero, pintor y grabador alemán; Albert Camus, escritor francés; Albert Schweitzer, filósofo, médico y músico galo, o Albert Einstein, físico alemán, padre de la teoría de la relatividad. Los Albertos son personas agradables y apacibles, pero que esconden una gran fuerza interior. Éste es uno de los nombres que parecen propiciar una vida próspera y apacible, sin grandes sobresaltos ni sufrimientos. Uno de sus rasgos característicos suele ser la tenacidad, aunque a veces se presente disfrazada de indolencia. Da la impresión de que la vida les va trayendo en cada momento aquello que necesitan, sin tener que realizar un gran esfuerzo por su parte.

ALCIBÍADES:

Procede del griego *alké*, «fuerza», y *bios*, «vida». Significa, de este modo, «vida fuerte». Alcibíades fue un gran general ateniense, sobrino de Pericles y discípulo de Sócrates, que vivió entre los años 450 y 404

a. de C. Era de hermosa presencia, vivísimo ingenio y extremado valor, aunque su carácter tenía también un aspecto negativo: estaba dominado por su vanidad y sus costumbres fueron muy disolutas. En el 432 a. de C. logró un premio en los Juegos Olímpicos. Durante la guerra del Peloponeso, aconsejó a los atenienses la conquista de Sicilia y estuvo al mando de la expedición, que resultó un desastre. Acusado de impiedad durante su ausencia, fue condenado a muerte y confiscados sus bienes, por lo cual se refugió en Esparta, de donde pasó a Persia, suscitando en todas partes enemigos contra Atenas. Arrepentidos los atenienses, le llamaron en el 407 a. de C. al frente de cuya escuadra venció a la flota espartana en Sestos y Abidos; pero de nuevo volvió a turbarse la armonía entre Alcibíades y sus conciudadanos, por lo que se refugió en la corte del sátrapa persa Farnabaces, quien, a instancias de Lisandro, finalmente lo hizo asesinar.

ALDO:

Del germánico *Ald*, «mayor, venerable», y, por analogía, «importante, jefe». Nombre muy popular en Italia y también en Inglaterra (Aldous).

ALEISTER, ALISTER:

Sinónimos de Alejandro.

ALEJANDRA:

Forma femenina de Alejandro. Rasgos característicos: apasionada, amante de la libertad, tenaz y predispuesta siempre a llevar adelante su voluntad, aunque ésta vaya en contra de las convenciones sociales o familiares.

ALEJANDRO:

Alejandro era en la mitología griega un sobrenombre de Paris, encargado de proteger las tropas contra los ladrones, lo que explica la etimología del nombre (Alexo-andros, «el que rechaza al hombre», es decir, al adversario). Su universalidad se deriva de Alejandro Magno, creador, en el siglo IV a. de C. de uno de los mayores imperios de la historia. Sinónimos suyos son Antonio, Avertano, Emeterio y Paráclito, entre otros. Y de él se derivan: Alejo, Alexis, Sandro, Alexandre, Alexander, Aleister, Alastair, Alister y Sándor.

ALEJO:

Tiene el mismo significado que Alejandro. San Alejo, patrón de los mendigos, era hijo de una familia patricia muy rica de la Roma del siglo IV. Tras una peregrinación a Tierra Santa, renunció a sus riquezas y vivió pobremente en la casa paterna. Equivalentes suyos en otros idiomas muy usados también en castellano son: Ales, Aleixo, Alexis, Alessio y Alex.

ALEX:

Sinónimo de Alejandro.

ALEXIS:

Sinónimo de Alejandro.

ALFONSINA:

Forma femenina de Alfonso. Suelen ser decididas y emprendedoras. Con un carácter fuerte, aunque normalmente lo sepa disimular tras una notable dulzura.

ALFONSO:

Nombre de origen germánico. Compuesto de *hathus*, «lucha»; *all*, «todo, total», y *funs*, «preparado»: *Hathus-all-funs*, «guerrero totalmente preparado para el combate». Es el nombre más repetido en las casas reales españolas. Variantes suyas son Alonso e Ildefonso. Rasgos característicos: tienen una inteligencia despierta, mucho amor propio e ideas personales a las que se aferran mucho. Son refinados, espirituales, sin maldad, aunque tienen tendencia a la pereza.

ALFREDO:

Del germánico *Athal-frid*, «pacificador noble». Muy extendido en todas las épocas, existen varios santos de este nombre. Rasgos característicos: son reflexivos, tranquilos, solitarios y, a veces, también obstinados. Muy románticos, complacientes y detestan la ostentación.

ALÍ:

Nombre árabe, «Alá», «El más elevado», «Lo Alto».

ALICIA:

No es fácil establecer la etimología de este nombre. Por una parte, se cree que es una contracción del alemán Adalheidis (Adelaida) pero otros lo hacen derivarse del griego *Alethos*, «verdadero, sincero». Además, se considera también una variación de Eloísa. Realmente se popularizó a partir de la obra de Lewis Carroll *Alicia en el País de las Maravillas*. Rasgos característicos: es tranquila, suave y dulce. Sabe escuchar a los demás con ternura y caridad. Pero, contrariamente a su apariencia etérea y casi mística, en el fondo, es atraída por los placeres de la vida y ama el dinero como medio de obtener comodidades y gustos. Sabe sacar partido con facilidad de las cosas, de los sucesos y de sus amigos y tiene habilidad para aprovechar sus recursos intelectuales. Han existido varias santas con este nombre.

ALIM:

Nombre árabe cuyo significado es «sabio», «inspirado».

ALISON:

Nombre femenino de origen escocés, «de alta cuna».

ALKA:

Forma polaca de Alexandra.

ALMUDENA:

Es una de las muchas advocaciones marianas españolas, popularizada por pertenecer a la Virgen patrona de Madrid. Su nombre deriva del árabe *Al-medina*, «la ciudad». El templo de la Almudena fue el primero que existió en Madrid, siendo levantado en el lugar de una antigua mezquita.

ALONSO:

Variante de Alfonso. San Alonso, comerciante de tejidos de Segovia, pierde muy joven a su esposa y a sus dos hijos. Entra en la Compañía de Jesús, donde va a ser durante cuarenta y cinco años el célebre portero del colegio de Montesión, en Palma de Mallorca, hasta su muerte, ocurrida en octubre de 1617. El rosario le había hechos callos en los dedos, y sentía la presencia de María, lo mismo en su trabajo que en sus caminatas para acompañar al sacerdote que celebraba la misa y confesaba en el castillo de Bellver.

ALTAIR:

Nombre de la más brillante estrella de las que forman la constelación del Águila. Nombre cada vez más común en algunos países. En árabe significa «ave».

ALTEA:

Nombre de origen griego que significa «que posee poder curativo».

ALUMIT:

Nombre hebreo. Significa «secreto».

ALVAR:

Procedente del antiguo germánico, «ejército de los elfos».

ÁLVARO:

Nombre germánico, identificado con Alberico, aunque otros creen que se deriva de *All-wars*, «totalmente precavido». Fue muy popular en Castilla en la Edad Media y en muchos lugares lo sigue siendo en la actualidad. Variante: Alvar.

AMABLE:

Del latín *amabilis*, «que ama, amable». Rasgos característicos: saben granjearse la estima y la simpatía debido a su carácter fácil, a pesar de cierta tendencia a la crítica. Tienen una inteligencia rápida y sintética.

AMADA:

Femenino de Amado.

AMADEO:

Del latín *Ama-Deus*, «que ama a Dios». Una variante medieval, Amadís, dio nombre al más famoso héroe de novelas caballerescas, Amadís de Gaula. Muy común en Alemania y también en Italia aunque, en la actualidad, cada vez se usa ya menos. Rasgos característicos: de una inteligencia muy viva, se ven llevados hacia las cosas elevadas. Se dejan distraer fácilmente, pero saben lo que quieren. Personajes célebres, Amadeus Mozart y el rey Amadeo de Saboya.

AMADO:

Nombre procedente del latín, que se utiliza desde comienzos del cristianismo. Últimamente las versiones francesa (Aimé) e inglesa (Amy) son muy usadas en nuestro idioma.

AMADOR:

Procede del latín *amatore*, «que quiere bien».

AMAL:

Nombre árabe. Significa «esperanza».

AMALIA:

Procedente del griego *amalós*, que significa «tierno», aunque para otros viene del alemán *Amalvinus*, formado con las raíces germánicas *amal*, «trabajo», y *win*, «amigo».

AMANCIO:

Procede del latín *Amantius*, «amante»; en realidad, es sinónimo de Amado.

AMANDA:

Femenino de Amando. Rasgos característicos: muy contradictoria en su temperamento, es por momentos audaz y por momentos tímida; a veces se muestra con ideas amplias y comprensivas, y otras veces con una marcada estrechez de espíritu. Es franca en su actitud frente a la vida, siempre demuestra lo que está sintiendo, pero la dualidad de su temperamento la hace insegura frente a los hechos. Vacila continuamente en sus elecciones y preferencias.

AMANDO:

Parece que es el resultado de la concurrencia de dos nombres: el latino *Amandus*, «que debe ser amado», y el germánico *Ald-mann* o *Athal-mann*, «hombre noble».

AMARO:

Variante portuguesa de Mauro, aplicada especialmente a un santo discípulo de san Benito de Nursia. También es usado como variante de Audomaro, especialmente en Burgos, donde se venera un san Amaro, peregrino francés del siglo XIII.

AMBROSIO:

De origen griego. *An-brótos*, «no mortal», o sea, «de naturaleza divina» (de aquí la ambrosía, manjar de los dioses). San Abrosio fue obispo de Milán, por lo que en Italia «ambrosiano» equivale a «milanés». Más por sus cualidades personales que por la importancia política de su sede, Ambrosio se convirtió en verdadero padre espiritual de los emperadores Graciano, Valentiniano II y Teodosio, quienes le profesaban una gran estima. Junto a una admirable actividad pastoral, sobresalió como escritor y dejó un legado literario muy importante. Sinónimos: Atanasio, Kaled.

AMELIA:

Contracción de Amelberga, nombre formado con la voz germánica *amal*, «trabajo» y *berg*, «protección». Rasgos característicos: muestra ante los demás una tranquilidad y una seguridad que son sólo aparentes.

Le resulta difícil la adaptación al entorno, y hace generalmente lo contrario de lo que debe hacer en cada ocasión. Sin embargo, cuando toma un camino lo sigue hasta el fin, pues es muy constante y seguirá fiel a su idea contra todos los inconvenientes e impedimentos.

AMIEL:

Nombre de procedencia hebrea, *Ammi-el*, ambas partículas significan «Dios». Otros lo interpretan como «Dios es mi pueblo».

AMÓS:

Forma abreviada de *Amasya*, que significa «Dios me ha sostenido, me ha llevado, me ha tomado a su cargo» o bien «fuerte, valiente». Personaje célebre: fue el más antiguo de los doce profetas menores. Desempeñaba el oficio de pastor en las colinas de Tecué, cerca de Jerusalén. Profetizó en tiempo de Osías, rey de Judá, y de Jeroboam II, rey de Israel.

AMPARO:

Del latín *Manuparare*, «tender la mano, proteger», es semejante a la terminación germánica *-mund*, «protección», presente en nombres como Edmundo, Segismundo, etc. Nombre muy popular en toda España, pero especialmente en el País Valenciano, cuya capital tiene por patrona a la Virgen de los Desamparados. Sinónimos: Refugio (María del Refugio), Itzal (vascuence), Empar (catalán).

AMY:

Versión inglesa de Amado, Amada.

ANA:

Del hebreo *Hannah*, «benéfica, compasiva» o también «gracia, compasión», coincidente en significado con Abderramán, Misericordia y Mercedes. Se trata de uno de los nombres más universalmente utilizados. Desde la madre de la Virgen hasta numerosas reinas, princesas y mujeres que han destacado en todos los campos de la ciencia y del arte. El nombre de Ana procede del escrito apócrifo titulado Protoevangelio de Santiago, en el que se relata la vida de la Virgen María. El culto a santa Ana se incrementó extraordinariamente a partir del siglo XV, hasta convertirse en una devoción de moda. No obstante, la fiesta universal no fue instituida hasta el año 1584. No deja de ser curioso que se santificara a un personaje que únicamente es citado en un texto no admitido por la Iglesia. Rasgos característicos: la persona con este nombre puede ser extremista y radical en algunas de sus actitudes pero posee siempre una gran inteligencia. Tiene siempre un toque de originalidad aunque a veces termina siendo contradictoria. Posee un cierto encanto y gracia natural. A veces se interesa por personas que no merecen su dedicación. Puede parecer vacilante, pero en realidad sólo aguarda el momento en que le llegue la hora de su oportunidad. Y cuando este momento llega, actúa con decisión con tal de lograr su finalidad. Nombre de influencia misteriosa para quien lo lleva. Para algunos este nombre otorga tendencia a la mediumnidad y hacia lo supraterreno y hallan que encierra en sí un cierto hechizo oriental que lo hace sugestivo y enigmático, brindando un clima de misterio a la mujer que lo lleva. Variantes de Ana son: Anabel, Arabela, Anabella, Anita, Anais, Anouk, Hannah, Nancy, Nanny.

ANABEL:

Adaptación castellana del nombre escocés Annabel, en realidad anterior a Ana, aunque hoy es considerado una variante de este nombre. Variantes: Anabella, Arabella, Mabel.

ANACLETO:

De origen griego, *anaklesis*, «acción de pedir ayuda», por lo que podría traducirse como «el llamado, el solicitado», y también, metafóricamente, «el resucitado». Nombre muy corriente en los primeros siglos del cristianismo aunque hoy ha caído prácticamente en desuso.

ANANÍAS:

Del hebreo *Hannah*, «compasión» (al igual que Ana), con la partícula *Iah*, que alude figuradamente a Jahvé, cuyo nombre era impronunciable por respeto. *Hannaniah*, «Piedad de Dios» (los mismos elementos pero en orden inverso, forman el nombre Juan). En la Biblia, Ananías fue uno de los compañeros de Daniel.

ANASTASIA:

Femenino de Anastasio.

ANASTASIO:

Nombre procedente del griego *Anastasimos*, «el que tiene fuerza para resucitar», o también «el revelado, el que se subleva». Cuatro papas han llevado este nombre. Sigue siendo muy popular en algunos países eslavos, especialmente la forma femenina.

ANATOLIA:

Femenino de Anatolio. Se dice que poseen una personalidad atrayente y magnética.

ANATOLIO:

Procede del griego *Anatolios*, «oriental». Prácticamente ya caído en desuso en los países hispanos; sin embargo, sigue siendo bastante común en su forma francesa: Anatole.

ANDREA:

Femenino de Andrés, aunque en otros idiomas es también forma masculina. Rasgos característicos: son mujeres fuertes, de una gran emotividad y muy activas. Tienen tendencia a la originalidad y suelen poseer una gran fuerza de voluntad.

ANDRÉS:

Del griego *Andros*, «hombre, viril, valiente». Andrés era el nombre de uno de los apóstoles, cuyo martirio dio nombre a la cruz en forma de X. Nació en Betsaida, Galilea, a orillas del lago de Genesareth, donde ejerció el oficio de pescador junto con su padre Jonás y su hermano Simón. Rasgos característicos: son muy inteligentes y emprendedores. Tienen ideas personales, originales e imprevistas y les gusta presumir de ellas; además, son tenaces, por lo que suelen conseguir lo que se proponen. Conceden mucha importancia a una fidelidad absoluta. Aunque en los últimos años la popularidad de este nombre ha disminuido, sigue siendo uno de los más universalmente extendidos. Tiene el mismo significado que otros muchos: Arsenio, Carlos, Virilio, etc. Formas suyas en otros idiomas son Andrew, André, Andreas, Andrea, Ander, Andrej. Formas femeninas: Andrea, Andreína, Andresa.

ÁNGEL:

Procedente del griego *Aggelos*, «mensajero», tiene una gran cantidad de derivados: Ángelo, Ángeles, Angélica, Angelina, Angelines, etc. Comparte el significado con Hermes, Malaquías, Nuncio y Telesforo. Curiosamente la celebración de la festividad del ángel de la guarda no la encontramos hasta finales del siglo XV, siendo Valencia el primer lugar donde se celebró, extendiéndose después por toda la península, Francia y demás países cristianos.

ÁNGELA, ANGÉLICA, ANGELINES:

Femeninos de Ángel. Rasgos característicos: se interesan por todo, están llenas de imaginación y les gusta aparentar que lo saben todo. Tienen un espíritu vivo y les gusta aprender cada vez más. A menudo son exaltadas, les gusta la broma y no les agrada que les metan prisa. Al avanzar en edad, sienten una marcada predisposición mística y religiosa.

ANGUSTIAS:

Procede del latín *Angustus*, «angosto, difícil». Advocación mariana granadina, alusiva a la aflicción de la Virgen durante la Pasión. Es sinónimo de Dolores.

ANÍBAL:

Nombre fenicio-cartaginés, *Hanan-Baal*, «gracia, beneficio de Baal», dios púnico. Fue inmortalizado por el caudillo vencedor de los romanos y vencido al fin por Escipión.

ANICETO:

Procedente del griego *Aniketos*, «invicto», «no vencido», vocablo compuesto por *niké*, «victoria», y la partícula privativa a-. Es otro de los nombres ya difíciles de hallar.

ANITA:

Diminutivo de Ana.

ANSCARIO:

Procede del germánico *Ans-gair*, «lanza de Dios». Es la versión tradicional de Óscar.

ANSELMO:

Formado con las voces germánicas Ans, nombre de un dios, y *helm*, «casco», tomada esta palabra en el sentido de «protección». La invocación a Dios como protector es algo que aparece en todas las culturas. San Anselmo, nacido en el 1033, fue monje de la abadía de Bec-Hellouin, en Normandía, y posteriormente arzobispo de Canterbury. Murió en el 1109. Fue declarado «doctor de la Iglesia». Siguió la filosofía de san Agustín con tintes aristotélicos. Otros nombres con este mismo significado son Ananías y Juan.

ANTOLÍN:

Derivado de Antonio.

ANTONIO:

La familia romana Antonius intentó explicar de muchas formas el origen de su nombre, al que atribuyó pintorescos significados: «el floreciente» (por el griego *anthos*, «flor»), «el enemigo de los burros» (*anti-onos*, «anti-asnos»), «el inestimable» (*anti-onios*, «sin precio, que no se puede comprar»), «el defensor» (por *anteo*, «el que se opone»), pero la realidad es que la voz es muy anterior, seguramente de procedencia etrusca, y su significado se ha perdido tal vez para siempre. Innumerables personajes célebres han llevado este nombre y también varios santos. De ellos, los más conocidos son san Antonio Abad y san Antonio de Padua. El primero nació en Koma, en el Alto Egipto, en el año 251. Fue el primer anacoreta cristiano y se le considera el patriarca de la vida monástica. Padeció en el desierto fuertes tentaciones del demonio, que han servido de tema a diversas obras literarias y pictóricas. Murió en el año 356. Actualmente es considerado el patrón de los animales domésticos y su festividad se celebra el 17 de enero. San Antonio de Padua nació en Lisboa, ingresando en la orden franciscana como fraile menor, con el nombre de Antonio. Viajando hacia el norte de África, cayó víctima de una enfermedad, siendo entonces embarcado hacia España, pero una tempestad lo desvió a Sicilia. Allí asistió al Capítulo de Asís con san Francisco. Vivió en el convento de Monte Paulo dedicado al trabajo manual hasta que ocasionalmente se descubrió su fervorosa y arrebatadora elocuencia. Alcanzó una enorme popularidad como profesor de teología y predicador por el sur de Francia y el norte de Italia. Murió en Padua, el 13 de junio de 1231, a los treinta y seis años. Rasgos característicos: buen sentido común, lealtad, franqueza y perseverancia. Poseen gustos artísticos y son dados a la meditación poética. Manifiestan su interés por la música, la pintura y la filosofía. Se toman el amor muy en serio y pronto se apegan a una persona. Muestran también algunos defectos, como la falta de sentido práctico y la pretensión, alardeando algunas veces de una actitud de superioridad.

ANUNCIACIÓN:
Procede del latín *ad-nuntio*, «informar a, anunciar». Nombre mariano, evocador de la Anunciación de la Virgen María.

APOLINAR, APOLINARIO:

Procede del latín *Apollinarius*, «relativo o consagrado a Apolo». Apolo era la divinidad romana de la luz del sol, y protector de las artes. Este nombre tiene una gran cantidad de derivados: Apolíneo, Apolino, Apolodoro, Apolófanes y Apolunio, entre otros.

APOLONIO:

Catalán: adjetivo relativo a Apolo. Nombre muy común en la antigüedad. Personaje famoso: Apolonio de Tiana.

AQUILES:

Nombre griego, posiblemente relacionado con el nombre del río Achéloos. Para otros significaría «el de bellos labios». Aquiles fue el héroe principal de la guerra de Troya, en la que participó acompañado de Ulises. Era hijo de Peleo y de Tetis. Para convertirlo en inmortal, su madre le embadurnó el cuerpo con ambrosía y lo situó cerca del fuego. Después lo sumergió en la laguna Estigia para volverlo invulnerable. Pero como al sumergirlo lo cogió por el talón, esa parte del cuerpo no se mojó, por lo que pasó a ser su punto vulnerable. Rasgos característicos: voluntad firme, confianza en sí mismo y gusto por el estudio. Sensibilidad ardiente y carácter brusco por momentos, aunque generalmente agradable. Saben presentarse en público y tienen la astucia suficiente para hacerse ricos.

AQUILINO:

Procedente del latín, derivado de águila.

ARACELI:

Invocación a la Virgen. Procede del latín *Ara coeli*, «altar del cielo». Nombre popularizado en Italia por un santuario de este nombre en la cima del monte Capitolio, en Roma, en la antigua ubicación del templo dedicado a Júpiter Capitolino.

ARANZAZU:

Advocación vasca de la virgen: Nuestra Señora de Arantzazu. Nombre compuesto de *Ara-antz-a-zu*, «sierra de abundantes picos», topónimo que corresponde a la realidad geográfica de Oñate (Guipúzcoa), sede del santuario. La etimología popular traduce el nombre por *arantz-an-zu*, «tú en el espino», aludiendo a la forma en que se apareció milagrosamente la Virgen, sobre un espino.

ARCADIO:

Nombre griego. Hace referencia al territorio de la Arcadia, en la provincia griega del Peloponeso. San Arcadio nació en Osuna, población de la culta y romanizada Bética, en el siglo I, siendo contemporáneo del emperador Trajano, nacido también en la Bética. Sufrió martirio en Cesárea de Mauritania, durante el reinado de su compatriota.

ARCHIBALDO:

Forma anglosajona del antiguo nombre Erquembaldo, hoy abandonado, procedente de *ercan*, «sincero, genuino», y *bald*, «valiente, audaz». Fue muy popular en la Edad Media para después ser abandonado. Hoy está experimentando un nuevo resurgir. Formas de este nombre en otros idiomas también populares son Arquimbau (catalán) y Archibald (inglés).

ARDUINO:

Nombre formado con la palabra *hard*, «fuerte, duro» y el sufijo *win*, «amigo». El adjetivo «fuerte» es uno de los más corrientes en los nombres masculinos germánicos.

ARIADNA:

Del griego *Ari-adné*, «muy santa», o también «muy indómita», llevado por la mitológica hija de Minos, rey de Creta. Se enamoró de Teseo, a quien suministró el hilo que le permitió salir del laberinto después de haber dado muerte al Minotauro. Teseo huyó de Creta, llevándose a Ariadna, pero la abandonó por orden de Palas Atenea en la isla de Naxos. Según unas leyendas, Afrodita remedió el infortunio de la abandonada amante dándole por esposo a Dionisos, quien le regaló una corona de oro, convertida por los dioses en corona de estrellas; pero según otras, Dionisos mandó a Artemisa que diera muerte a Ariadna. Hoy este nombre está en fuerte apogeo, a menudo confundido con Ariana, también de origen griego (de Ares, nombre griego del dios de la guerra, Marte).

ARÍSTIDES:

Procedente del griego *aristós*, «el mejor». Rasgos características: el ardor y una plena confianza en sí mismos. Santo: san Arístides, filósofo ateniense del siglo II convertido al cristianismo.

ARISTÓBULO:

Procede del griego; su significado es «buen consejero».

ARMANDO:

Según algunos autores, este nombre sería de procedencia germánica: *Hard-mann*, «hombre fuerte», mientras que otros lo hacen derivar del latín: «estar armado». Rasgos característicos: una inteligencia razonadora y calculadora, un espíritu positivo y escéptico y una voluntad de hierro. Son bromistas y a la vez espirituales y su buena memoria les permite acordarse fácilmente de los más pequeños detalles. Se adaptan con facilidad a todo tipo de trabajos. Son afectuosos y su necesidad de comprensión los arrastra a veces a situaciones que pueden ser una trampa.

ARMENGOL, ARMENGUAL:

Variantes de Hermenegildo.

ARNALDO:

Nombre de origen germano, *Arin-ald*, «águila fuerte», o, figuradamente, «caudillo fuerte». Cayó en desuso en la Edad Moderna, aunque ha resucitado recientemente. Es muy utilizada la versión inglesa: Arnold.

ARNOLD:

Arnaldo en inglés.

ARNULBA:

Forma vascuence de Ernesto.

ARNULFO:

También de origen germánico, *Arn-wulf*, «lobo fuerte».

ARSENIO:

Del griego *Arsén*, «viril, varón enérgico». Portado por un preceptor de la corte de Bizancio convertido en anacoreta. San Arsenio, diácono en Roma, fue escogido por el papa san Dámaso como preceptor de Arcadio y Honorio, hijos del emperador Teodosio.

ARTURO:

Nombre de origen celta; significa para unos «alto, noble» y para otros «piedra» u «oso». Arturo fue un rey legendario, creador en su corte de Camelot de la orden caballeresca de la Mesa Redonda. La leyenda del rey Arturo forma el núcleo del más vasto corpus literario de la Edad Media europea. Arturo es el personaje principal, y al mismo tiempo el que relaciona y da unidad a los restantes. La relación entre Arturo y el sabio y mago Merlín fue aprovechada por Robert de Boron para introducir la serie de leyendas cristianas que transformaron este conjunto celta en la epopeya del Santo Grial. Rasgos característicos: son de aspecto reservado, pero seguros de sí mismos; van al fondo de las cosas y no abandonan fácilmente un asunto que hayan emprendido. Tienen sangre fría y tenacidad.

ASHANTI:

Muy usado en las familias de raza negra. Significa «ébano».

ASPASIA:

Procede del griego *Aspasía*, «bienvenida, deseada», posiblemente aplicado como fórmula natalicia de buen augurio. Inmortalizado por la amante de Pericles, el político griego que dio nombre a la época de mayor esplendor cultural de su país. Es sinónimo de Bienvenida.

ASTRID:

Forma nórdica de Anstruda (*Ans-trud*, «fuerza de Dios»). Nombre que ha sido revitalizado por la popularidad de la reina Astrid de Bélgica en el primer tercio del siglo XX. Ver Gertrudis. Sinónimos: Azarías, Israel, Ezequías, Ezequiel, Gabriel, Gotardo.

ASUNCIÓN:

Del latín *Assumo*, «atraer hacia sí, asumir», refiriéndose a la «elevación de la Virgen María en cuerpo y alma al cielo», es decir, que fue «asumida» por Dios. La fiesta de la Asunción se celebra en los países católicos el día 15 de agosto. Sinónimo de Asunta, Assumpta, Jasone, Yasone y Eragone.

ASUNTA:

Sinónimo de Asunción.

ATANASIO:

Sinónimo de Ambrosio. Procede del griego A-*thanatos*, «sin muerte, inmortal». San Atanasio fue patriarca de Alejandría y uno de los padres y doctores más ilustres de la Iglesia; combatió la herejía de los arrianos y murió en el 373.

ATAULFO:

Variante de Adolfo. Personaje célebre: rey godo, esposo de Gala Placidia y primer monarca español realmente independiente.

ATILANO:

Nombre resultante de la latinización (Atilanus) de Atila o Atilio. San Atilano, obispo de Zamora, nació en Tarazona hacia el año 930 y murió en Zamora en el 1009. Pertenecía a una familia noble e ingresó en la orden benedictina; al fundar san Froilán, con quien le unió una entrañable amistad, el monasterio de Moreruela, le nombró prior de los trescientos monjes que componían aquella comunidad. Fue elevado a la sede de Zamora en el año 990. Las reliquias de este santo se hallan repartidas entre la ciudad de Zamora, donde ejerció el episcopado, y Tarazona, lugar de su nacimiento. En Zamora se encuentran depositadas en la parroquia de San Pedro y en la iglesia de San Ildefonso. En lo que concierne a Tarazona, un busto relicario que se venera en la catedral contiene parte de sus restos. Representaciones iconográficas de san Atilano se pueden contemplar en distintos templos de Zaragoza, principalmente en el del Pilar.

ATOCHA:

Nombre de una advocación mariana madrileña. Se sostiene que la imagen primitiva llevada a Madrid fue venerada en una ermita contigua a unos atochales (campos de esparto, por el árabe *taucha*, «esparto»). Otros opinan que quizá sea más acertado suponer la palabra una deformación de Antioquía, supuesta procedencia de la imagen de la Virgen.

AUGUSTA:

Femenino de Augusto. Rasgos característicos: es muy firme en su carácter y detesta la debilidad, sacando continuamente ventaja de su modo de ser autoritario. Pero, a veces, las fuerzas que pensaba desatar contra los demás se vuelven contra ella. En esos casos no se desespera ante el fracaso. El afán de imponer su autoridad es superior a sus deseos de convivencia pacífica. Pero posee un corazón noble y magnánimo, cuyas cualidades muestra siempre que nadie rete su preponderancia.

AUGUSTO:

Nombre latino: *Augustus*, «consagrado por los augures» (ver Agustín). Rasgos característicos: son bien equilibrados, inteligentes y comprenden bien los problemas de la vida. Son de naturaleza franca, amorosa y afectuosa. Antes de lanzarse a cualquier asunto reflexionan ampliamente y sólo después acometen el problema. Su único defecto es la susceptibilidad.

ÁUREA:

Del latín *aurum*, «oro», siendo *aureus* el adjetivo, «dorado», figuradamente «encantadora», «bella como el oro». Santa Áurea es una famosa mártir española degollada en Sevilla en el siglo IX que fue cantada por Gonzalo de Berceo.

AURELIA:

Femenino de Aurelio. Rasgos característicos: espontánea y rebelde en todas sus manifestaciones, su mayor virtud es la lealtad. Son fieles a sus amigos y en el amor, lo que las hace muy queridas entre las personas que las rodean. Santas: santa Aurelia, virgen romana del siglo III, martirizada en tiempos del emperador Valeriano. También santa Aurelia, hija de Hugo Capeto y hermana del rey Roberto.

AURELIANO:

Del latín *aurelianus*, «relativo a Aurelio». San Aureliano nació en el año 499 y murió en el 551. Elegido obispo de Arles en el 546, su virtud y ciencia eran tantas que mereció del papa Virgilio la condecoración del Palio. El pontífice otorgó a Aureliano la jurisdicción de todo el reino de Childerico, que se componía de Francia occidental y parte de la Borgoña. Empleó su gran influencia sobre el rey para erigir varios monasterios, entre ellos dos en Arles. Asistió al concilio de Orleáns (548) y tuvo gran influencia en las determinaciones que allí se adoptaron.

AURELIO, AURELIA:

Nombre latino: del gentilicio *aurelius*, «del color del oro» o también «el que brilla». San Aurelio nació y murió en Córdoba, durante el califato de Abderramán II.

AURORA:

Del latín Aurora, nombre de la diosa del alba, por el color dorado que acompaña a la salida del sol. Rasgos: ama las comodidades y el bienestar. Jamás se precipita en sus decisiones porque tiene miedo al fracaso. Siempre actúa cuidando los detalles. Su mirada es clara y revela sus buenos sentimientos. Su corazón tierno y compasivo la impulsa a hacer los más grandes sacrificios por los demás, llegando al extremo de renunciar a su propio destino por aquellos que la necesitan.

AUXILIADORA:

Advocación mariana creada y popularizada por san Juan Bosco, que se inspiró en la jaculatoria de las letanías *Auxilium Christianorum*, «auxilio de los cristianos», añadida por el papa san Pío V después de la victoria de Lepanto. Es similar a otras advocaciones, como Socorro, Sufragio, Amparo, Refugio. Una abreviación muy usada es Dora.

AVELINA:

De san Andrés Avelino (siglo XVII), cuyo apellido aludía a su ciudad natal, Avellino, capital de la italiana región de Abella (de donde se originó el nombre de las avellanas, o «nueces de Abella»).

AVERY:

Variante anglosajona de Alfredo.

AYAKO:

Nombre japonés. Significa «de muchos colores».

AZARÍAS:

Procedente del hebreo, formado con la raíz *az* o *azaz*, «fuerte», y el sufijo *-iah*, «Dios»: «socorro, auxilio de Dios». Personaje célebre: el compañero de Ananías y Misael, arrojado a un horno por negarse a adorar la estatua del rey Nabucodonosor.

BALBINO:

Nombre de origen romano: *balbius*, relativo a «la familia de Balbo», nombre que a su vez deriva del latín *balbus*, «tartamudo», frecuente en la antigua Roma.

BALDOMERO:

Del germánico *Bald-miru*. *Bald*, «audaz, valiente», *miru*, «ilustre, insigne». Antaño muy popular, hoy muy poco usado.

BALDUINO:

Variante de Baldovino, que es nombre de procedencia germánica: *Bald-win*, «amigo valiente». Rasgos característicos: están dotados de una naturaleza firme, aunque encerrada. Carecen de sentimentalismo y son tenaces y obstinados. En inglés, Baldwin y en francés, Baudoin.

BALDWIN:

Balduino en inglés.

BALTASAR:

Nombre asirio: «que el dios Baal proteja al rey». Baltasar es uno de los tres Reyes Magos que adoraron a Jesucristo en el portal de Belén. Es preciso tener en cuenta, no obstante, que tanto el número de magos –tres– como los nombres con los cuales son conocidos –Melchor, Gaspar y Baltasar– no constan en ninguno de los cuatro evangelios. El texto de san Mateo se limita a decir: «Después de haber nacido Jesús en Belén de Judá, en tiempos del rey Herodes, unos magos venidos de Oriente llegaron a Jerusalén, y preguntaron: ¿Dónde se halla el rey de los judíos que ha nacido? Hemos visto en Oriente su estrella, y hemos venido a rendirle homenaje».

BÁRBARA:

Del griego *Barbaros*, «extranjero». La palabra, usada por los romanos para referirse a las gentes de fuera de los límites del Imperio, adquirió progresivamente el sentido de «salvaje, inculto, rudo, brutal» que posee hoy. Rasgos característicos: tienen una inteligencia por encima de la media; son de naturaleza sentimental y están exentas de caprichos. Santa Bárbara fue virgen y mártir. Vivió en el siglo III y su propio padre le cortó la cabeza. Es la patrona de los mineros, de los canteros, de los artilleros, de los armeros, de los arquitectos, de los marineros, de los zapadores y de los cocineros. Según la tradición, un rayo acabó con el padre, después de que éste ultimara a su hija; por eso se la invoca también como protección contra las tormentas.

BART:

Abreviación anglosajona de Bartolomé.

BARTOLOMÉ:

Nombre hebreo, procedente de adaptaciones de religiones de pueblos vecinos. La forma primitiva es Bartolmai, «hijo de Ptolomeo». En otra interpretación, «anciano» (literalmente, «con muchas arrugas»). Rasgos característicos: son de naturaleza ordenada y de carácter fácil, pero tienen tendencia a la crítica y a cierta intransigencia. Poseen sentido de la justicia, lo cual los libra de las intrigas. San Bartolomé, apóstol, nacido en Caná, Galilea, predicó el Evangelio en Oriente hasta los límites de la India. Es el patrón de los curtidores, de los carniceros y de los sastres (fue despellejado vivo).

BARUCH:

Nombre propio hebreo, que significa «bendito». Baruk, o Barch, es el nombre del amigo, discípulo y secretario de Jeremías. Registró las profecías de Jeremías para poderlas leer al pueblo en el año 605 a. de C.; cuando éstas fueron quemadas por el rey Joaquín, volvió a transcribirlas.

BASILIO:

Nombre de origen griego: *basileus*, «rey». Muy difundido en el ámbito de la Iglesia ortodoxa, especialmente en Rusia, donde Vassili es el nombre más popular después de Iván. Basileia era la capital de la imaginaria Atlántida platónica. Abundan los nombres con el mismo significado como Regina, Regla o Vladimiro. Entre sus derivados están Basileo, Basiliano, Basilisco, Basílides, Basilisa.

BAUDILIO:

Nombre de origen desconocido, quizá relacionado con *baudus*, «zoquete o lerdo» en latín arcaico. Por otra parte, parece muy probable la concurrencia fonética con el céltico *ball*, «victorioso». Muy popular en Cataluña, bajo las formas de Baldiri y Boi. Pocas noticias se tienen de san Baudilio, parece que fue martirizado en la ciudad francesa de Nimes, en tiempos del emperador Juliano el Apóstata.

BAUTISTA:

Procede del griego, «el que sumerge en el agua, el que bautiza». Originariamente no es un nombre, sino el sobrenombre dado a Juan, que bautizó a Jesús en el Jordán. El nombre primitivo completo era Juan Bautista. Rasgos característicos: son sencillos, llenos de bondad y fáciles de engañar. Puntuales, razonables y dominan por la rectitud de su corazón.

BEATRIZ:

El nombre latino Beatriz, «beata, feliz, bienaventurada», usado en sentido religioso, adquirió inmediatamente una popularidad que no ha decrecido con los siglos. Rasgos característicos: mujer con inteligencia e inquietudes constantes. Sus sentimientos son fieles pero no se manifiestan en forma excesiva. Su apariencia es impulsiva y tiene el don de la observación. No se le conocen enemigos, porque reprime toda agresión o discusión violenta, prefiriendo quedar en el anonimato antes que causar conflictos. Su encanto reside en conquistar o captar para sí misma lo que realmente le agrada.

BEGOÑA:

Nombre vasco muy popular, compuesto de *Beg-oin-a*, «lugar del cerro dominante», aplicado a la situación topográfica del santuario de Santa María de Begoña, situado sobre un monte que domina la ciudad de Bilbao y los pueblos de Abando, Deusto y Olaveaga, donde se venera a la Virgen de su nombre, que es la patrona de Vizcaya. Su primitiva ermita gótica, reedificada y ampliada en el siglo XVI, fue transformada en una magnífica basílica rodeada de jardines. La Virgen de Begoña es muy venerada en toda Vizcaya, especialmente por los marinos, y las romerías a su santuario se ven muy concurridas. La historia de la imagen fue escrita en 1796 por fray Tomás Granda. Este nombre no tiene nada que ver con Begonia (tomado del de una flor dedicada al naturalista Bégon).

BELÉN:

Procedente del hebreo *Bet-lehem*, «casa del pan», que dio nombre a la localidad palestina en que nació Jesucristo (hoy Beitel-Lahm). Utilizado como nombre de pila femenino.

BELINDA:

Nombre germánico compuesto de *bern*, «oso», y *lind*, «escudo». Con el tiempo, este nombre ha pasado paulatinamente a ser considerado una variante de Belén.

BEN:

Del hebreo «hijo». Diminutivo anglosajón de Benjamín.

BENET:

Forma catalana de Benito.

BENIGNO:

Del latín, «generoso, condescendiente». San Benigno, nacido en el año 400 y muerto en el 477, fue obispo de Milán y realizó numerosos milagros.

BENITA:

Femenino de Benito.

BENITO, BENEDICTO:

Nombre de fuerte raigambre en el papado, simplificación del medieval Benedicto (y éste del latín Benedictus), «bendito», por *bene dicto*, «decir bien» (de alguien) o «bien nombrado» (por el bautismo). Rasgos característicos: son de naturaleza complaciente, de carácter acomodaticio y un poco hipócritas. Ha habido numerosos santos de este nombre; el más conocido es san Benito Abad, fundador, en el siglo VI, del célebre monasterio de Monte Casino y de la orden de los Benedictinos, patriarca de los monjes de Occidente. Patrón de Europa, de los espeleólogos, arquitectos, agricultores, caballistas y conductores de máquinas. Benedetto, Bieito, Benedikt y Benoit son formas suyas en otros idiomas.

BENJAMÍN:

Nombre propio hebreo compuesto por dos sustantivos: *ben*, «hijo», e *ynm*, «derecha». Significa «el hijo de mi mano derecha», en el sentido de hijo predilecto. Benjamín era el nombre del hijo más pequeño de Jacob, que tuvo de su esposa Raquel. En el momento del nacimiento, su madre lo llamó Ben oni («hijo de mi dolor»), por las dificultades del parto que originaron la muerte de Raquel. Jacob cambió este nombre por el de Benjamín, más en consonancia con el gran amor que le profesaba. Posteriormente se convirtió en nombre cristiano en la acepción de «el último nacido». Rasgos característicos: son generosos, afectuosos, amables y aduladores. En cambio, son un poco caprichosos y no les agrada preocuparse mucho por la vida.

BERENGUER, BERENGUELA:

Forma catalana de Berengario. Procede del germánico *Berin-gari*, «lanza del oso», o sea, «del guerrero». O de *Warin-gari*, «lanza protectora». Otros lo traducen como «oso preparado para el combate». Nombre famoso por ser el de los primeros condes de Barcelona. Nombre germánico: Beringar.

BERENICE:

Procedente de la forma macedonia del griego *Phre-renike*, «portadora de victoria», asimilado posteriormente a Verónica. Personaje célebre: princesa egipcia, esposa de Ptolomeo III, que mereció le fuera dedicado el nombre de una constelación austral, la Cabellera de Berenice.

BERNABÉ:

Nombre procedente del arameo, «hijo de la consolación». Rasgos característicos: son flexibles, sólidos y con sangre fría. Siguen una línea recta, sin cambios intempestivos. Santo: san Bernabé, uno de los setenta discípulos, colaborador de san Pablo en las misiones de Asia Menor.

BERNARDA:

Femenino de Bernardo. Rasgos característicos: están dotadas de una personalidad muy fuerte y se sienten atraídas por las cosas espirituales y por los trabajos intelectuales. Tienen buen corazón, mucho valor y son modestas. Brillan en sociedad, buscan su camino lealmente y luego van hacia adelante con la sonrisa en los labios. Gustan a su entorno y generalmente se busca su compañía. Cuando se deciden a amar, lo hacen profunda, tranquila y seriamente, y están llamadas a conocer la felicidad en el matrimonio. Santa: santa Bernarda, o María Bernarda, llamada Bernardette Soubirous (1844-1879), hija de un pobre molinero de Lourdes, a quien la Virgen se le apareció varias veces a orillas del Gaye, donde hoy se encuentra el célebre santuario.

BERNARDINO:

Latinización (Bernardinus) del germánico Bernardo. Santo: Bernardino de Siena, nacido en el año 1380. Fue un gran predicador, dejó muchas obras escritas, algunas de ellas conteniendo los apuntes de los oyentes de sus sermones. Es el patrón de los publicistas y de los periodistas italianos.

BERNARDO:

Procede del germánico *Berin-hard*, «oso fuerte». Nombre famoso por san Bernardo de Clairvaux, monje francés reformador de la orden del Císter. San Bernardo de Menthon (923-1008) fue el fundador de los dos orfanatos del Monte San Bernardo. Es el patrón de los alpinistas y de los esquiadores.

BERNICE:

Nombre griego. Significa «la que trae la victoria».

BERTA:

Nombre procedente de la palabra germánica *berht*, «brillante, famoso», presente en bastantes nombres (Alberto, Roberto, Lamberto…). Está muy extendido, especialmente en Francia y Alemania, aunque su portador más célebre fuera un cañón de la primera guerra mundial, el más potente fabricado hasta entonces, bautizado con este nombre en honor de la hija de Hans Krupp, su constructor. Rasgos característicos: tienen una buena memoria, inteligencia notable, carácter amable, espíritu práctico y mucho gusto. Son de naturaleza alegre, con un temperamento lleno de vivacidad. Son generosas y les gusta demostrar la amistad con numerosos regalos y otros signos de simpatía hacia sus amigos. Son buenas amas de casa y les gustan los trabajos de interior. En muchos casos se casan tarde o se quedan solteras.

BERTHOLD:

Del germánico «fuerte», «brillante».

BERTÍN:

Tiene la misma procedencia que Berta. Rasgos característicos: en conjunto muy tranquilos, rechazan el contacto con la vida y se encierran en sí mismos. Afectuosos, fieles, leales, nada presuntuosos y adaptables. Su punto débil es la glotonería.

BERTRAN:

Nombre de procedencia germánica, significaría «cuervo brillante». Rasgos característicos: son combativos, a veces incluso violentos. Son muy prácticos y se inclinan más por la vida activa que por las especulaciones intelectuales. Son muy inteligentes y sus facultades abarcan un gran número de temas. Son persuasivos y es raro que no consigan convencer a sus interlocutores.

BERYL:

Nombre femenino de origen griego muy usual en los países anglosajones. Significa «piedra verde», en alusión al mineral del mismo nombre. Antiguamente se consideraba que el berilo atraía la buena suerte.

BETSABE:

Procede del hebreo *Bat-sheva*, «séptima hija» (para otros, de *Bat-seva*, «la opulenta»). Personaje célebre: esposa de Urías y causa de la muerte de éste tras ser seducida por David.

BETSY, BETT:

Diminutivos ingleses de Elisabeth.

BEULAH:

Nombre hebreo femenino. Significa «casada», aunque también se refiere a la tierra de Israel.

BEVERLY:

Nombre muy popular en Estados Unidos. Nombre de un lugar «donde salta el agua».

BIBIANA:

Variante de Viviana, nombre procedente del latín Vivianus, de origen incierto, probablemente relacionado con el verbo *vivo*, «vivir». De Bibiana, mártir de los primeros siglos del cristianismo, se hace mención en el *Liber Pontificalis*, en el que se dice que el papa Simplicio (de fines del siglo V) le dedicó una basílica, emplazada cerca del palacio Liciniano, que luego guardó sus restos.

BIENVENIDO:

Procedente del latín, «que llega bien». Catalán: Benvingut. Gallego: Benvido. Italiano: Benvenuto.

BILL:

Diminutivo inglés de Guillermo.

BLANCA:

Nombre de procedencia germánica, significa «noble, brillante». En el curso de la historia, el nombre de Blanca ha sido elegido por muchas reinas y princesas. Una de las más famosas ha sido Blanca de Castilla, hija de Alfonso VIII de Castilla y de Leonor de Inglaterra. Nacida en Palencia en el año 1185, se casó con Luis VIII de Francia. Fue madre de san Luis, rey de Francia, y desempeñó el cargo de regente durante la minoría de edad del monarca. Murió en el año 1252. Rasgos característicos: contrariamente a lo que pareciera sugerir, pureza y candor, el nombre de Blanca confiere a quien lo lleva pasión y rigidez extremas. Como impulsada por una fuerza del destino, se vuelve exclusivista y temible en sus exigencias. Es pródiga en la medida de su interés. No da porque sí, sino esperando una recompensa. Le resulta difícil brindarse a los demás con cordialidad. Pero, contrariamente a este hermetismo emocional, a esta falta de comunicación espontánea con los demás, tiene un alto sentido del hogar y la familia.

BLAS:

El griego *Blaisos*, «cojo», varió ligeramente su sentido para convertirse en el latín *Blaesus*, «tartamudo», del que, al parecer, se deriva Blas. San Blas es una figura históricamente muy imprecisa; sin embargo, a nivel popular y en diferentes lugares, disfruta de un gran renombre. Los sacerdotes impartían antes el día de San Blas la famosa bendición contra el dolor de garganta. Rasgos característicos: gozan de un espíritu más profundo que brillante y de un carácter tenaz que los incita a llevar a cabo lo que han decidido.

BOB:

Diminutivo anglosajón de Roberto.

BONA:

Del latín *bonus*, *bona*, «bueno, buena». Santa Bona es la patrona de las azafatas italianas. Peregrina a Tierra Santa y después, durante treinta años, dirige varias peregrinaciones a Roma y nueve a Santiago de Compostela, asistiendo siempre a todos en aquellos viajes de fe y penitencia.

BONIFACIO:

Del latín *bonum faciens*, «que hace el bien». Santo: san Bonifacio, monje inglés, evangelizador de Frisia y de Alemania. Nueve papas han llevado este nombre.

BORIS:

Nombre eslavo muy común, significa «guerrero».

BRAM:

Nombre anglosajón, su significado es «cuervo».

BRAULIO:

De etimología difícil, parece relacionarse con el germánico *brand*, «fuego, espada». De ilustre familia hispanorromana, san Braulio debió de nacer hacia los últimos años del siglo VI en la región nororiental de la península, probablemente en Gerona o Zaragoza.

BRENDA:

Nombre anglosajón procedente del céltico *Bran*, «cuervo». Femenino de Brandan, Brandano, Brendán o Borondón, pues con todos estos nombres es conocido un famoso santo irlandés del siglo VI, protagonista de unos maravillosos viajes marinos que le han valido ser patrono de los navegantes.

BRICIO:

Forma masculina de Brígida.

BRIDGET:

Inglés de Brígida.

BRÍGIDA:

Nombre de origen dudoso. Parece relacionado con el hebreo *hir*, «ciudad», o con el caldeo *ur*, «valle», y también con la voz *brig*, «población, colonia». Podría además tener que ver con el céltico *Brig*, «fuerza». Brighid era una diosa gaélica del fuego, cuyos atributos fueron traspasados luego a santa Brígida. Puede ser también de origen celta, *Bridget*, «la excelsa». Nombre de diversas santas, entre ellas santa Brígida (o mejor dicho, Birgita), que nació en el año 1302, en Finstad, cerca de Upsala (Suecia). A los dieciocho años se casó con el noble Ulf Gudmarsson, con quien tuvo ocho hijos, entre los que se cuenta santa Catalina de Suecia. Después de la muerte de su marido, fundó un monasterio. Famosa por sus revelaciones. Otra santa Brígida (453-523) fundó varios monasterios en Irlanda. Ambas son las patronas de Suecia e Irlanda.

BRIGITTE:

Francés de Brígida.

BRUNILDA:

Se cree que procede de *Brun-hilde*, «guerrero armado».

BRUNO:

Su origen no está definido; puede derivar de *brun*, «de color rojo, moreno», y también de *prunja*, «coraza», voz que forma parte de muchos nombres germánicos (Brunardo). Rasgos característicos: con frecuencia son orgullosos, serios, reflexivos y distinguidos. Poseen gustos intelectuales y artísticos y son un poco tímidos. San Bruno (siglo XI), originario de Colonia, fue el fundador de la orden cartuja cerca de Grenoble (Chartreuse).

BUENAVENTURA:

Nombre de procedencia latina qu significa «buen augurio». Rasgos característicos: llevan una vida de satisfacciones y buena suerte. Están predispuestos a emboscadas producidas por gente malvada que no pueden lograr sus mismos triunfos, por lo que deben cuidarse de la envidia y las traiciones.

CALEB:

Nombre de procedencia hebrea, que significa «animoso», «valiente».

CALEDONIA:

Usado principalmente en familias de ascendencia escocesa. Significa «Escocia».

CALIXTO:

Nombre procedente del griego *Kállistos*, «bellísimo».

CAMELIA:

Nombre procedente del latín *Camellus*, «camello». Inspirado en el de la flor del Asia tropical bautizada *camellia* por Linneo en honor de su introductor en Europa, el jesuita italiano Camelli, en el siglo XVIII.

CAMILO:

Del etrusco *Casmillus*, «ministro», siendo también uno de los sobrenombres de Mercurio, por ser ministro y mensajero de los dioses. Este nombre pasó a algunas familias romanas, en el sentido de «sacerdote». Rasgos característicos: son de naturaleza abnegada, pero de humor inestable y nunca se sabe si están en serio o de broma. Son sentimentales, independientes, de inteligencia sutil y más bien influenciables. San Camilo de Lellis, fundador de los Camilenses, orden que tenía como finalidad el cuidado de los enfermos, murió en 1614 y es el patrón de los enfermeros y enfermeras.

CANDELARIA:

Nombre procedente del latín *candella*, de *candeo*, «arder». Advocación mariana alusiva a la Purificación, en la que se celebran procesiones con candelas. Nombre muy usado en las islas Canarias. En la península, se usa más a menudo la variante Candelas.

CÁNDIDO:

Del latín *candidus*, «blanco, inmaculado».

CARINA:

Del griego *Xarinos*, «gracioso», personaje cómico de la comedia dórica. Popular especialmente en Italia, y también en los países nórdicos, donde se ha fundido con Katarina (Catalina). El masculino es Carinos.

CARLOMAGNO:

Al parecer procede de *Karl-mann*, «hombre viril», latinizado como Carlomagnus, «Carlos el Grande», título del gran emperador germánico. Aunque san Carlomagno es el patrón de los colegios e institutos, en realidad no parece que ningún personaje de este nombre haya sido canonizado.

CARLOS:

La raíz germánica *karl* significa «varón, viril». Es un nombre inmensamente popular en todas las épocas y países, y muy frecuente en las casas reales. Numerosísimos personajes destacados en todos los campos han llevado también el nombre de Carlos. Entre los santos de este nombre destaca san Carlos Borromeo (1538-1584), arzobispo de Milán y patrón de la banca. Rasgos característicos: poseen una memoria muy buena; son bien equilibrados, inteligentes y llenos de imaginación. Tienen un espíritu práctico y astuto y un sentimentalismo ardiente, que incluso podría tacharse de violento. Son generosos; tienen facilidad de gesto y de palabra, lo cual contribuye a su popularidad. Sobre todo, están dotados para las letras y las artes.

CARLOTA:

Femenino de Carlos. Rasgos característicos: los mismos que para Carlos. En francés e inglés: Charlotte. En alemán: Karla.

CARMEN:

En latín Carmen es «canto, poema», pero el nombre en realidad procede de la orden de los Carmelitas de Palestina (*karm-el*, «viña de Dios»). Nombre muy popular en España, utilizado casi exclusivamente para mujeres. Popularizado fuera de España por la ópera de Bizet del mismo nombre. Rasgos característicos: de naturaleza fogosa, son apasionadas, violentas, intrépidas, encantadoras y seductoras. Variantes: Carmela, Carmina, Carme, Karmiña. Forma masculina: Carmelo (en algunos países se utiliza también Carmen para hombres).

CAROLINA:

Derivado de Carlos. Rasgos característicos: son muy independientes, tímidas y dispuestas para hacer frente a sus responsabilidades familiares. Son muy encantadoras, tienen mucha gracia y están muy apegadas a los pequeños placeres de la vida. De espíritu un poco ligero, son socarronas y burlonas. En general, poseen una bonita voz y están dotadas para la música. Forman excelentes matrimonios, aunque frecuentemente serán amadas más de lo que ellas amarán.

CASANDRA:

Nombre procedente del griego *Kassandra*, «protectora de los hombres». Cassandra era un personaje de *La Ilíada*, una clarividente cuyas profecías (entre ellas la caída de Troya por causa de los guerreros ocultos en el interior del famoso caballo), siempre ciertas, no eran jamás creídas.

CASEY:

Nombre procedente del gaélico antiguo. Significa «vigilante».

CASIANO:

Procedente de Cassianus, el cual se deriva de Cassius, cuyo origen es *cassi*, «yelmo».

CASILDA:

Nombre derivado del árabe, significa «cantar». Santa Casilda era hija del rey musulmán de Toledo. Desde niña se mostró compasiva y cariñosa con los prisioneros cristianos del alcázar de Toledo. En una leyenda se refiere que, disponiéndose un día a entregar alimentos a los presos, su padre le preguntó con acritud qué llevaba. Rosas y flores, fue la contestación de Casilda. Y al descubrir los pliegues de su túnica aparecieron efectivamente rosas y flores varias. Los malos tratos recibidos de su padre contribuyeron a aumentar el deseo de aceptar la religión cristiana. Aprovechó la primera oportunidad de que dispuso para huir a Burgos. Fue a curarse de una enfermedad que padecía a las aguas de los lagos de San Vicente. Conseguida la curación, pidió y recibió el bautismo. Poco después mandó erigir una ermita en las cercanías de Briviesca (Burgos), donde pasó el resto de sus días dedicada a la realización de prácticas religiosas. Murió el 9 de abril de 1126.

CASIMIRO:

Del nombre polaco Kazimierz, latinizado en la Edad Media como Casimirus y extendido por toda Europa. Significa, según unos, «el que impone la paz» y, según otros, «amo de casa». Nombre de muchos reyes polacos. San Casimiro fue el tercer hijo del rey Casimiro IV de Polonia. Fue elegido rey de Hungría. De ideas ascéticas, murió a los veinticinco años, de tuberculosis. Es el patrón de Lituania, aunque también es muy venerado en Polonia.

CASIO:

Nombre procedente del latín. Cassius procede de *cassi*, «yelmo». San Casio fue obispo de Narni, en Francia. Murió martirizado en el año 558.

CASSIDY:

Nombre tradicional irlandés. Significa «ingenioso» y también «de cabello ensortijado».

CASTO:

Rasgos característicos: son personas de una fuerte voluntad. No tienen ninguna fantasía, ninguna frivolidad, ninguna ligereza ni en el espíritu ni en el carácter. Su inteligencia es muy práctica y les gusta actuar con eficacia. Son profundamente sinceros.

CATALINA:

Aunque su forma inicial es el griego Aikatharina, pasó al latín como Katharina por asimilación a la palabra *katharós*, «puro, inmaculado». Actualmente ha disminuido mucho su uso, pero durante la Edad Media fue un nombre popularísimo en toda Europa, siendo muchas las mujeres famosas que lo han levado, desde Catalina de Médicis hasta la zarina Catalina III de Rusia, pasando por Catalina de Aragón. Posee gran cantidad de variantes, siendo las más usadas actualmente Karen y Karin. Rasgos característicos: son mujeres ambiciosas, como se puede comprobar por la historia, en la que han desempeñado un papel primordial tanto en el plano político como en el artístico y literario. Saben organizar su vida y afrontar las situaciones que exigen un buen juicio y con frecuencia mucha audacia. Son prácticas y activas, incluso temerarias, y estudian las situaciones con una gran prudencia. Son finas, distinguidas, un poco presuntuosas, les gusta coquetear. Gustan a los hombres y buscan los que son superiores a ellas. Ha habido varias santas con este nombre, entre ellas santa Catalina de Alejandría, patrona de los molineros y de los notarios, santa Catalina de Suecia, hija de santa Brígida, santa Catalina de Siena y santa Catalina Labouré, hija de san Vicente de Paúl.

CATHERINE:
Forma francesa de Catalina.

CAYETANO:
Nombre procedente del latín *Gaius*, «alegre», aunque según otros deriva de Caieta, hoy Gaeta, puerto de mar

en la Campania. Es un nombre que siempre ha sido muy popular en Italia, bajo la forma Gaetano.

CECIL:

Forma inglesa de Cecilio.

CECILIA:

Caecilia era el nombre de una familia romana, la cual pretendía derivarlo de *Coeculus*, «cieguecito», aunque se cree que en realidad se trata de un nombre etrusco cuyo significado permanece ignorado. Rasgos característicos: idealista, no busca el placer de las cosas materiales, sino que eleva su existencia hacia una meta superior preconcebida. Es original e inteligente, pero en la realidad limita su campo de acción por la forma personal en que emplea esas cualidades. No todos entienden su forma de encarar las cosas, pues vive en un plano de ideales superiores. Santa Cecilia es la patrona de los músicos y de los fabricantes de instrumentos musicales, pues, según la leyenda, se acompañaba con un instrumento para cantar sus alabanzas a Dios.

CECILIO:

Masculino de Cecilia.

CECILY:

Forma inglesa de Cecilia.

CECYL:

Forma inglesa de Cecilio. Nombre muy común en los países anglosajones.

CEFERINO:

Nombre latino. Derivado de *Zepherinus*, «relativo al céfiro (viento)». San Ceferino, pontífice romano, fue elegido papa hacia el año 198, falleciendo de muerte natural en el año 217.

CELESTE:

Nombre de una diosa púnica, Urania para los griegos. Caelestis, «del cielo, celestial», o sea, «divino». Derivado: Celestino, sobrenombre de Júpiter, rey de los dioses. Son también del mismo grupo Celiano, Celina, Celio y Celso.

CELESTINA:

Forma femenina de Celestino.

CELESTINO:

Del latín *Caelestinus*, «(hijo) del cielo». San Celestino I, papa, nació en Roma. Sucedió a san Bonifacio en el año 422. El hecho más notable de su pontificado fue la celebración del concilio de Roma del año 430, en que se condenó la herejía de Nestorio. Envió a san Germán, san Paladio y san Patricio a evangelizar, respectivamente, Inglaterra, Escocia e Irlanda. El papa Celestino V, también canonizado, ha sido el único papa que ha renunciado a seguir ejerciendo el pontificado.

CELIA:

Es sumamente minuciosa en el cuidado de los detalles. Tanto en el vestido y demás aspectos materiales como en sus relaciones con los demás. Da extremada importancia a las pequeñas cosas. Como consecuencia de este temperamento, siempre está preparada para los momentos difíciles. Los contratiempos la toman prevenida, y está orgullosa de su prudencia. Siente placer en tomar las precauciones de cada caso con la debida anticipación y gran cuidado.

CELINA, SELINA:

Variantes de Selene.

CELSO:

Nombre latino, derivado de *Celsus*, «elevado» (del verbo *cellere*, «levantar»). San Celso nació en Milán, contemporáneo del emperador Nerón. Rasgos característicos: son hombres de acción y de reflexión a quienes no intimidan las dificultades. Son inteligentes, afectuosos y llenos de vitalidad. Muy objetivos y saben reconocer sus faltas.

CÉSAR:

Formado a partir de la antigua palabra latina *caesar*, «melenudo». Fue inmortalizado por el militar y político romano Julio César, que lo convirtió en un título más de la dignidad imperial. De él se derivan el alemán *káiser* y el ruso *zar*, de significado análogo. Derivados: Cesarión (nombre de un hijo de Julio César y Cleopatra),

Cesario, Cesáreo (la operación cesárea tomó este nombre porque, según la tradición, por ella nació Julio César).

CESÁREO:

Derivado de César.

CHANTAL:

Nombre procedente del occitano *Cantal*, «piedra, hito». Así se llama una localidad de Saóne-et-Loire (Francia), pasando a ser usado como nombre femenino en recuerdo de santa Juana Francisca Frémyot, baronesa del lugar y fundadora, con san Francisco de Sales, de la orden de la Visitación.

CHUCK:

Diminutivo anglosajón de Carlos.

CINDY:

Diminutivo inglés de Cintia.

CINTIA:

Nombre procedente del griego, que significa «luna».

CIPRIANO:

Nombre procedente del latín *Cyprianus*, «natural de Chipre». Santo: san Cipriano, obispo de Cartago, padre de la Iglesia latina, escritor y apologista cristiano, muerto en el 258. Antes de su conversión al cristianismo había sido profesional de la retórica. Es el patrón de África del Norte.

CIRENIA:

Nombre griego referente a la ciudad de Cirene (Kyrenaia), cuyo nombre a su vez procede de *Dyreo*, «objetivo, punto deseado». Personaje célebre: Simón Cirineo, personaje bíblico que ayudó a Jesucristo a llevar la cruz.

CIRÍACO:

De origen griego: *Kyriakos*, «amor a Dios». San Ciríaco fue hermano y compañero de martirio de santa Paula. Ambos fueron sacrificados en Málaga en el año 305. Después de sufrir muchos tormentos por profesar la fe cristiana, mandó el juez apedrearlos a orillas del Guadalmedina. Hasta la invasión de los mahometanos, sus cuerpos fueron objeto del culto de los fieles. Después de la conquista de Málaga, los Reyes Católicos accedieron a los deseos de sus habitantes, construyendo un templo en honor de los hermanos mártires, hoy patrones de Málaga.

CIRILO:

Del griego *Kyrios*, «señor». Los hermanos santos Cirilo y Metodio (en el siglo IX) evangelizaron los países eslavos, donde son corrientes ambos nombres. El primero de ellos tradujo la Biblia al eslavo antiguo y dio su nombre al alfabeto utilizado por los servios, los rusos y los búlgaros. Tiene numerosos sinónimos. Rasgos característicos: poseen una excelente naturaleza en la que domina el corazón. Con frecuencia son vanidosos y se creen, casi siempre, superiores a los demás. Otro santo del mismo nombre fue san Cirilo de Alejandría, doctor de la Iglesia.

CLARA:

Nombre procedente del latín, «ilustre». Fue la primera mujer que se entusiasmó con el ideal de san Francisco de Asís. Puede decirse que su vida religiosa, desde que huyó de casa con su hermana santa Inés, fue un esfuerzo continuo para alcanzar la total y perfecta pobreza. Obtuvo el singular privilegio pontificio de no poder poseer nada. Fundó, con Francisco, la segunda orden franciscana, que lleva su nombre, la orden de las clarisas, en la que entraron también su madre, Ortolana y su otra hermana, Beatriz. Murió fuera de las murallas de Asís, el 11 de agosto de 1253, a los sesenta años de edad, después de haber pasado la segunda mitad de su vida casi siempre postrada en la cama, pues su salud era delicadísima, lo que le impedía a menudo la asistencia a los oficios divinos. Clara fue canonizada dos años después de su muerte. Las visiones con que fue favorecida han sido el motivo por el que ha sido declarada patrona de la televisión. Rasgos característicos: son francas, alegres, brillantes, gozosas y luminosas como su nombre. De naturaleza despierta y siempre dichosas por vivir sin que nada las asuste. Emotivas, impresionables y nerviosas, pasan fácilmente de la alegría a las lágrimas. Son incapaces de tener estabilidad y se entusiasman en seguida por algo, pero su fervor es normalmente de corta duración. Su físico y su inteligencia las hacen muy atractivas y seductoras, y siempre predomina su corazón.

CLAUDIA:
Femenino de Claudio.

CLAUDIO:
Nombre procedente del latín *Claudius*, «cojo». Rasgos característicos: son de naturaleza nerviosa, influenciable y no pretenden brillar. Son dulces y afectuosos por naturaleza. Son fieles, leales y no presuntuosos. Embellecen fácilmente los proyectos que se les presentan. Son un poco perezosos. Las mujeres son vivarachas, espirituales, aman y saben gustar. Por otra parte, son felices en el hogar.

CLEMENTE:
Nombre frecuente en el papado y muy popular en la Edad Media, procedente del latín *Clemens*, «dulce, benigno». O tal vez del griego *Klymenos*, «famoso, célebre». San Clemente I es el tercer sucesor de san Pedro en la sede romana. Los primeros cristianos consideraban a Clemente discípulo directo de los apóstoles. De gran importancia es la carta que Clemente dirigió, entre los años 93 y 97, a la iglesia de Corinto; se trata del primer documento papal que poseemos, que está revestido de la especial circunstancia de que, en vida de un apostol —Juan—, el pontífice de Roma interviene

en los asuntos de los cristianos de Corinto con verdadera autoridad. Dice la leyenda que, elegido papa Clemente y obligado a presidir la Iglesia, se condujo con tal perfección que, por sus excelentes costumbres, se granjeó en seguida el aprecio de los judíos, de los gentiles y de todos los pueblos cristianos. Tenía escritos en unas listas los nombres de los pobres de cada una de las provincias, y con sus oportunos socorros jamás dio lugar a que ninguno de cuantos habían purificado sus almas con las aguas del bautismo se viera precisado a vivir de la caridad pública mendigando de puerta en puerta. Rasgos característicos de quienes llevan este nombre: son de temperamento soñador, de ambición más bien moderada, les gusta un trabajo que exija paciencia y reflexión; no se lanzan a empresas extravagantes. Son tranquilos, no les gusta la violencia y están destinados a una vida feliz. Se complacen más en dar que en recibir. Les gusta la vida familiar y se casan normalmente jóvenes. Tienen sentido común y un humor estable. Su pasatiempo favorito es la lectura.

CLEOFÁS:

Procede del griego *Klopas*, abreviación de *Kleopatros*, «de padre famoso».

CLEOPATRA:

Nombre procedente del griego, *Kleopatros*, «(hija) de padre famoso». Santa Cleopatra fue religiosa de la orden de San Basilio, en el siglo X, y es venerada por los moscovitas. Siete reinas de Egipto, entre ellas la famosa por sus relaciones con Marco Antonio, llevaron este nombre.

CLIFFORD:

Nombre de lugar, «cerca del acantilado». Muy popular en Estados Unidos.

CLIVE:

Nombre muy popular en Estados Unidos, significa «acantilado».

CLOTILDE:

Nombre procedente del germánico *Hlod-hild*, «ilustre y favorecida». Rasgos característicos: tienen un temperamento intelectual más bien refinado. Son espirituales y poseen buen gusto. Son tenaces y voluntarias, pero carecen de flexibilidad y pueden dejarse arrastrar hasta desencantos profundos. Son dadas a la melancolía. En el amor, frecuentemente son celosas. Santa Clotilde fue reina de Francia y esposa de Clodoveo. Es la patrona de los notarios.

COLETTE:

Diminutivo de la forma francesa y femenina de Nicolás (Nicolette).

COLOMA:

Nombre procedente del latín *Columba*, «paloma». Santos: en masculino, san Columbano, (siglo VI), deformado a menudo para convertirlo en Colman,

apóstol irlandés muy venerado por su incan
ritu fundador de monasterios. Personaje célebre:
Cristóbal Colón (en latín Columbus), que aparte de
descubrir América, ha dado nombre a la ciudad de
Columbus, la república de Colombia, etc.

CONCEPCIÓN:

Advocación mariana alusiva a la Inmaculada Concepción de la Virgen María, del latín *conceptio*, «concepción,
generación». Popularísimo en España. Rasgos característicos: es muy precavida, trabajadora y práctica.
Capaz de salir adelante en circunstancias muy difíciles
y siempre con un buen humor notable.

CONCHA:

Variante de Concepción.

CONCHITA, CONCHÍN:

Diminutivos de Concha (Concepción).

CONNIE:

Diminutivo inglés de Constanza.

CONRADO:

Nombre procedente del germánico *Kuonrat*, «consejo
del atrevido». Portado por diversos emperadores
germánicos, llegó a ser tan popular en Alemania que
era considerado sinónimo de «persona corriente».

CONSTANTINO:

Nombre procedente del latín, famoso por el emperador romano que instauró el cristianismo en el siglo IV como religión oficial del Imperio. Su significado es «firme, constante, perseverante». Al trasladar la capital del Imperio a Bizancio, ésta adquirió el nombre de Constantinopla (Konstantinopolis, «ciudad de Constantino»), hoy sustituido por un derivado turco de la misma palabra, Estambul.

CORA:

Nombre procedente del griego *Kóre*, «jovencita, doncella». Personaje célebre: amante del poeta Ovidio. Derivados suyos son Coralia y Corina.

CORALIA:

Derivado de Cora.

CORINA:

Derivado de Cora.

CORNELIO:

Procede del gentilicio latino *Cornelium*, «cuernecito», o *Cornicula*, «choto», que designaba a la familia de Publio Cornelio Escipión Africano. San Cornelio ejerció el sumo pontificado del año 251 al 253, no sin experimentar graves dificultades durante este periodo. Fue enterrado en las catacumbas de Calixto.

COSME:

Procede del griego *Kosmas*, «adornado, bello» (presente en la forma medieval *Cosmas* y en la palabra moderna «cosmética»). Los santos Cosme y Damián sufrieron el martirio en Siria, en una fecha indeterminada. Todo lo que nos ha llegado de su vida pertenece a la leyenda. En las curaciones milagrosas que se les atribuían, subyace el hecho de que fueran en vida médicos que curaban desinteresadamente, sin cobrar nada a los enfermos. Son patronos de los médicos y de los farmacéuticos.

COSSIMO:

Forma italiana de Cosme.

COURTNEY:

Del francés antiguo, «que vive en el patio».

COVADONGA:

Nombre muy popular en Asturias en evocación de la Virgen del santuario del mismo nombre donde fue encontrada una imagen de la Virgen, la Cova-Donna, «Cueva de la Señora», que recuerda la primera batalla victoriosa contra los árabes del rey don Pelayo y el inicio de la reconquista asturiana.

CRISANTEMO:

Nombre procedente del griego *Chrisantos*, «flor de loto». Nombre femenino alusivo a la «flor de hojas doradas».

CRISANTO:

Variante de Crisantemo.

CRISPÍN:

Diminutivo de Crispo, y éste derivado del latín *Crispus*, «crespo, de pelo rizado», nombre muy común en los primeros siglos de nuestra era. Santos Crispín y Crispiniano, hermanos zapateros martirizados en el siglo IV. Otro santo del mismo nombre fue obispo de Écija. Variantes: Crispido, Crispo, Crispiano, Crispiniano, Críspulo.

CRISTAL:

Nombre muy popular en las últimas décadas. Significa «clara como el cristal».

CRISTIÁN:

Procedente del latín *Christianus*, «seguidor, discípulo de Cristo, cristiano» (la palabra Cristo procede del griego *Christós*, «ungido», aludiendo al Mesías). Nombre muy popular en los países nórdicos, y también ahora en España. Variantes en otros idiomas: Christian, Cristiano, Cristino.

CRISTINA:

Forma femenina de Cristian o Cristino. Rasgos característicos: son mujeres del deber, tiernas, sacrificadas y que no flaquean ante los sacrificios necesarios y los cumplen con sencillez. Imaginativas, saben desenredarse y no pierden el tiempo en reflexionar ante los problemas.

CRISTINO:

Sinónimo de Cristián. Rasgos característicos: son muy despabilados, económicos, leales y tienen sentido del honor. Son abnegados, tiernos y les gusta realizar cosas. Poseen un fondo afectuoso y fiel, pero no siempre tienen el tiempo libre para dedicarse a los asuntos del corazón. Triunfan en la vida por su valor, pues les gusta el esfuerzo y la vida dura. Santos: san Cristino, mártir en el siglo III.

CRISTÓBAL:

Procedente del griego *Christophoros*, «portador de Cristo», aludiendo a la leyenda del santo. San Cristóbal nació en Siria o en Palestina, y fue bautizado por san Babilas, obispo de Antioquía. Fue martirizado hacia el año 258, cuando gobernaba el Imperio Decio. Durante la época medieval disfrutó de una gran veneración, y era considerado abogado que alejaba el peligro del agua, del fuego, de los terremotos y, en general, de la muerte por accidente. Según la leyenda, era un hombre de gran fortaleza, que ganaba su sustento trasladando a los viajeros de un lado a otro de un gran río. Un día llevó sobre sus espaldas a un niño, y le pareció tan pesado como si transportase el mundo entero; el niño no era otro que Jesús. Durante siglos fue el patrono de los mozos de cuerda, hoy lo es de los viajeros y de los automovilistas. Este nombre conoció un gran auge a partir de Cristóbal Colón.

CUCUFATE:

Nombre procedente del latín *Cucuphate*, quizás de *Cucupha*, «cofia», aunque, más probablemente, procede de alguna lengua norteafricana. Santos: mártir en el siglo IV cerca de Barcelona, donde es muy popular bajo la forma catalana Cugat.

CUGAT:

Forma catalana de Cucufate. El gran poeta latino Aurelio Prudencio Clemente compuso un himno en el que se dice que, el día del Juicio Final, Barcelona será ensalzada gracias a las obras del famoso Cucufate. El verso del poeta es, pues, el documento más antiguo que habla de este mártir, garantizando su existencia histórica de una manera indiscutible. Es incluso posible que el padre de Prudencio hubiera conocido personalmente a Cucufate. Prudencio lo considera hijo de Barcelona; pero debemos tener en cuenta que, desde los tiempos más primitivos, el lenguaje cristiano afirma que el natalicio de los mártires es el día de la muerte, porque entonces se inicia su vida gloriosa para siempre. Por esto la liturgia atribuye a los mártires la ciudadanía del lugar donde mueren, y los poetas aclaman como madre de cada mártir la tierra que recoge su sangre. Esta razón, por sí sola, bastaría para afirmar que san Cucufate es un mártir del obispado barcelonés. La redacción más antigua que se tiene del martirio de san Cucufate fue escrita después de la invasión musulmana, la cual recoge y ensambla las tradiciones más arcaicas.

En ella se dice que Cucufate nació en Scilli, población del norte de África.

CUNEGUNDA:

Significa «combatiente audaz» (*Kühn-gundi*) o bien «de estirpe audaz» (*Kunnigundi*). Santa Cunegunda vivió en el siglo XI y pasó a la historia por el voto de castidad que hizo con su también santo esposo el emperador Enrique.

CURCIO:

Del francés antiguo, «cortés».

CURTIS:

Forma inglesa de Curcio.

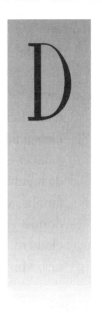

DACIANO:

Dacianus, gentilicio de la Dacia. San Daciano fue compañero de martirio de los santos Arecio y Pieto, que murieron en Roma en tiempos del emperador Adriano.

DAFNE:

Nombre mitológico procedente del griego *Daphne*, «laurel». Dafne era una ninfa hija del río Penco, que la metamorfoseó en laurel para salvarla del acoso de Apolo. El dios se coronó entonces con una rama del árbol, originando así el premio a los poetas. Es sinónimo de Laura y Loreto. Variantes: Dafnis, Daphne.

DAGMAR:

Nombre muy común en Dinamarca. Significa «día de gloria» o posiblemente también «de piel oscura».

DAGOBERTO:

Nombre germánico: *Dagberth*, «día brillante».

DALMACIO:

Gentilicio de la Dalmacia, comarca del Adriático: *Dalmatius*. San Dalmacio fue oficial de los guardias de palacio en tiempos de Teodosio el Grande. Era padre de muchos hijos cuando dejó su empleo, sus bienes y su familia, y entró en un monasterio de Constantinopla, donde vivió cuarenta y ocho años en la soledad del claustro. Fundó un monasterio al que dotó con sus bienes. Murió en el año 440, a los ochenta y uno de edad.

DALTON:

Del germánico, «protector».

DÁMASO:

Nombre procedente del griego *Dámasos*, «domador». San Dámaso, papa del 366 al 384. Encargó a san Jerónimo la traducción de la Biblia.

DAMIÁN:

Nombre procedente de la diosa Damia (Cibeles), en honor de la cual se celebraban las fiestas secretas llamadas «Damias». También puede proceder del griego *Damianós*, «domador». San Damián era hermano de san Cosme y médico como él. Ambos fueron martirizados en tiempos de Diocleciano.

DANAE:

Nombre mitológico. Personaje célebre: hija del rey de Argos, poseída por Zeus transfigurado en lluvia de oro, a lo cual alude el nombre: *Daio*, «tierra árida fecundada por la lluvia».

DANIEL:

Nombre procedente del hebreo *Dan*, «juez» o «justicia». Hijo de Jacob, su madre Raquel exclamó al alumbrarlo: «Dios me ha hecho justicia con este hijo». La partícula *-el* alude a Jahvé, con lo que el nombre completo sería «justicia de Dios». Rasgos característicos: se los considera muy inteligentes, de naturaleza afectuosa, complacientes y de gran intuición. Son capaces de asimilar muy rápidamente lo que no conocen, reconocer sus errores y aceptar la opinión de los demás. Les gustan los grandes proyectos, tanto en el campo financiero como en el social, pero no hay que esperar de ellos ideas originales. Es un nombre muy popular en todas épocas y lugares.

DANIELA:

Femenino de Daniel. Rasgos característicos: son de naturaleza cariñosa, complaciente, que denota una inteligencia viva y un gran sentido intuitivo. Normalmente son celosas, sin darse cuenta demasiado de ello, pero resultan ser excelentes amas de casa. Exteriorizan totalmente sus sentimientos. Son capaces de grandes pasiones y, muy a menudo, éstas las hacen sufrir sin que digan una palabra por ello.

DANILO:

Variante de Daniel.

DANTE:

Procedente del latín, «duradero, perenne».

DANY, DANNY:

Diminutivos de Daniel.

DARÍO:

Nombre de un emperador persa, vencido por los griegos en las guerras médicas. Aunque según Herodoto su nombre significa «represor», parece más bien derivar del persa *Darayaraus*, «activo». Rasgos característicos: Son activos e industriosos. Cuando se les mete algo en la cabeza, es difícil hacerlos cambiar de idea. Son posesivos y tienen una inteligencia rápida, incluso mordaz.

DAVID:

Nombre procedente del hebreo *Dawidh*, «amado», y, por evolución, «amigo». David nació en Belén y pasó la infancia vigilando los rebaños de su padre. Venció a Goliat en un singular combate que fue una de las causas determinantes de la derrota de los filisteos. Fue uno de los jefes del ejército. Gozó de la estima del rey Saúl, ya que con su habilidad para tocar el arpa conseguía mitigar los accesos de melancolía del monarca, a quien sucedió en el año 1040 a. de C. Conquistó Jerusalén, ciudad que convirtió en capital del reino. Por su doble pecado de adulterio y de homicidio con Betsabé y su marido Urías, vivió amargado los últimos años de su vida, sufrió grandes desgracias familiares y tuvo que contemplar cómo su pueblo era diezmado por la peste. Murió hacia el año 1001 a. de C. Es autor de un gran número de salmos. David, junto con Salomón, es el rey más importante de la historia de Israel. Sus hechos se narran en los libros I y II de Samuel y en el libro I de los Reyes. Rasgos característicos: son muy concentrados, tenaces y resistentes. Generalmente se sienten atraídos por trabajos en los que el espíritu aporta una gran contribución, se revelan como hombres de cabeza. Saben tomar sus responsabilidades en serio.

DÉBORA:

Tras siglos de desuso, este nombre conoce hoy una renovada popularidad. Del hebreo *dbrh*, «abeja», lo que la empareja en significado con Apio y Melisa. Los nombres de insectos son muy comunes en la Biblia y aparecen ya en tiempos muy antiguos, generalmente usados entre las familias sirvientes del templo. Débora fue una profetisa y juez israelita autora de un bello cántico a Jahvé.

DELFÍN:

Nombre procedente de la ciudad de Delfos, sede del famoso oráculo de Apolo, aunque podría venir también del griego *Delphys*, «bestia feroz». Es también uno de los sobrenombres de Apolo como matador de la serpiente Delfina o Pitón, que habitaba antiguamente el lugar del oráculo. El nombre de Delfín conoció un gran auge en la Edad Media cuando se convirtió en el título dado a los hijos primogénitos del rey de Francia. Uno de los santos de este nombre nació en Pamplona en tiempos del emperador Teodosio y fue obispo de Burdeos.

DELFINA:

Femenino de Delfín. Este nombre estuvo muy de moda en la época romántica. Rasgos característicos: se concreta a vivir la realidad inmediata sin detenerse a meditar sobre el mundo espiritual ni la trascendencia de lo humano en el universo. Trata de tornar amable lo cotidiano, para brindar placer a quienes la rodean y a sí misma. Le agrada la tranquilidad y desea siempre crear un clima cordial entre familiares y amigos. Pese a estas cualidades a veces puede ser extremadamente aventurada, cuando la ocasión lo requiere o ella misma así lo considera.

DELIA:

Era uno de los sobrenombres de la diosa Diana, por haber nacido en la isla de Delos. Nombre usado como Adela o como forma italiana femenina de Elías.

DEMETRIO:

Nombre procedente del griego, compuesto por Démeter (diosa de la agricultura) y la raíz *osios*, «consagrar»; así, significaría «consagrado a Démeter». Nombre de varios personajes bíblicos, entre los que se encuentra el rey de Siria, que reprimió durante un tiempo la rebelión de los macabeos. Entre los santos de este nombre destaca san Demetrio, el Taumaturgo, que vivió en siglo XIV y es patrón de Rusia. Varios grandes príncipes rusos y griegos tuvieron también este nombre.

DENIS, DENNIS:

Dionisio en francés e inglés, respectivamente.

DESDÉMONA:

Nombre procedente del griego *Dysdaimon*, «desdichada», llevado por la heroína del drama shakespeariano *Otelo*. Su autor se inspiró en el *Hecatommithi* de Cinthio (1565), donde aparece en la forma Disdemona.

DESIDERIO:

Del nombre latino *Desiderius*, que significa «deseable» o, más bien, «deseoso» (de Dios). San Desiderio vivió durante el reinado de los emperadores Honorio y Teodosio y fue ejemplo de sabiduría, abnegación y amor hacia el prójimo.

DESIRÉE:

Nombre procedente del latín, que significa «muy esperada, deseada».

DIANA:

Divinidad romana lunar, cuyo nombre se deriva de una raíz sánscrita que significa «brillar» o también «luz del día», por lo que significaría «la clara, la celestial, la diurna». Rasgos característicos: la mujer que lleva este nombre sabe hacerse querer intensamente. No hace nada a medias. Su lema es «todo o nada», y así da su amor y su amistad, o los retira, totalmente, sin medianías. Por eso su felicidad y su desdicha siempre llegan a los extremos.

DIDIER:

Nombre muy común en Francia, que ahora se está extendiendo en España. Rasgos característicos: tiene un temperamento extremista. Rara vez inicia algo sin llegar a la meta propuesta, aunque a veces duda mucho antes de decidirse a iniciar un asunto o empresa.

DIEGO:

Variante de Jaime, por abreviación de Santiago (Sant-Yago, Tiago, Diego), latinizado Didacus por influencia del griego *Didachós*, «instruido». San Diego, franciscano español, fue el evangelizador de Canarias.

DIGNA:

Santa Digna fue sirvienta de santa Hilaria. Ambas fueron martirizadas en Augsburgo en el año 304. Otras dos santas del mismo nombre vivieron en Córdoba y en Roma respectivamente.

DINA:

Nombre hebreo, de significación dudosa. Se ha propuesto a veces «litigio, artificiosidad», aludiendo a la historia del personaje bíblico. En la práctica es usado a menudo como abreviación de Claudina, Blandina y otros nombres análogos, y, en los países anglosajones, de Diana.

DIÓGENES:

Nombre procedente del griego, que significa «nacido de la divinidad». Personajes célebres: Diógenes el Cínico, filósofo griego, o Diógenes Laercio, escritor griego del siglo III.

DIOMEDES:

Nombre procedente del griego: *Dio-medes*, «pensamiento de Dios». San Diomedes, de profesión médico, vivió a fines del siglo III. Ejerció su profesión en Cilicia, de donde era natural, y después en Nicea. Fue decapitado en tiempos del emperador Diocleciano.

DION, DIONNE:

Nombres de origen griego, «seguidor-a de Dionisio».

DIONISIA:

Forma femenina de Dionisio. Rasgos característicos: son vivas, sonrientes, chispeantes, sinceras, honradas y buenas. Encontrarán la felicidad en el amor más fácilmente que los hombres, debido a su gran vivacidad y a su mayor ambición.

DIONISIO:

Es el nombre del dios de las fiestas y de la sensualidad, entre los griegos. Está formado por el genitivo de Zeus,

Dios, y Nysa, ciudad egipcia donde tenía un templo. Rasgos característicos: son de una gran rectitud y normalmente siguen el camino que se han marcado en la vida. Son complacientes y acomodaticios cuando sus principios no se encuentran comprometidos. Perdonan con dificultad las debilidades de los demás, pues son sinceros y están muy convencidos de que sus principios son honrados y buenos. Son maridos perfectos. Santos: san Dionisio el Areopagita, discípulo de san Pablo, primer obispo de Atenas, mártir en el siglo I, y san Dionisio, apóstol de los galos en el siglo III, primer obispo de París. Se le invoca contra los dolores de cabeza.

DIXIE:

Nombre femenino muy común en los estados sureños norteamericanos. Se refiere a la hija nacida en el décimo lugar entre los hermanos.

DOLORES:

Advocación mariana que hace referencia a los «Siete Dolores de la Virgen» (Mater Dolorosa). Del latín doleo, «sufrir». Diminutivos: Lola y Lolita. Nombre procedente del latín, «dolor».

DOLORS:

Dolores en Catalán.

DOMÉNEC, DOMINIQUE, DOMÉNICO, DOMINIK:

Domingo en catalán, francés, italiano y alemán, respectivamente.

DOMINGO:

Procede del latín *Dominicus*, «del señor» (*Dominus*), es decir, «consagrado al Señor, a Dios». Nombre muy popular en la Edad Media, hecho famoso por los santos Domingo de Silos, benedictino español del siglo XI, y Domingo de Guzmán, fundador de la orden benedictina e inventor del Rosario. Rasgos característicos: poseen un gran dominio de sí y están provistos de inteligencia, de lógica, de voluntad, de carácter, de sensibilidad cálida, vibrante y generosa. Son muy perfeccionistas y poseen un gran sentido de la rectitud. Son incapaces de inclinarse por un objeto prohibido. Sin embargo, dan muestras de cierta rudeza, aunque no carecen de benevolencia. Son muy serios y no se ríen con frecuencia.

DOMITILA:

Rasgos característicos: parecen tímidas porque son reservadas y se arriesgan a dar la impresión de carecer de confianza en sí mismas. Son muy inteligentes y sociables. Cooperadoras en el trabajo, les gusta integrarse en un equipo en el que dominen los hombres.

DONACIANO:

Nombre procedente del latín, «dado», al igual que Donato. San Donaciano fue martirizado junto con su hermano Rogaciano hacia el 299, en Nantes, ciudad de la que son patrones.

DONATO:

Del latín *Donatus*, «dado». San Donato fue martirizado en el norte de África, con su compañero Justo.

DORA:

Puede ser abreviación tanto de Dorotea como de Teodora o de Auxiliadora; sin embargo, también tiene entidad propia, procedente del griego *Doron*, «don, regalo, presente». De él se derivan Dorinda y Doris. Rasgos característicos: activa y trabajadora. Sólida y estable. Se le podrá reprochar el carecer de fantasía, lo que suple con creces su excelente humor.

DORINDA:

Derivado de Dora.

DORIS:

Aunque suele tomarse como variante de Dora, es en realidad un nombre mitológico y gentilicio de la Dórida, patria de los dorios, en la antigua Grecia. Personaje célebre: Doris, esposa de Nereo y madre de cincuenta ninfas.

DOROTEA:

Femenino de Doroteo. Rasgos característicos: están llenas de energía y son muy activas. Son grandes sentimentales y saben hacerse amar fácilmente, pues son ardientes, vibrantes y buenas en el hogar.

DOROTEO:

Nombre procedente del griego *Doro-theos*, «don de Dios» (los mismos elementos, invertidos, forman Teodoro, y existen muchos más nombres con el mismo significado: Adeodato, Diosdado, Donadeo, Dositeo, Elesbaán, Godiva, Jonatán, Matías, Natanael, Todoreto, Teodosio, Zenodoro, etc.).

DOROTHY:

Dorotea en inglés.

DUSTY, DUSTIN:

Nombre de un lugar inglés convertido en nombre de persona.

DYLAN, DYLANA:

Del galés, «nacido-a de las aguas».

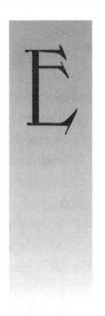

EBERARDO:

Nombre de origen germánico, popular en países anglosajones. De *Eber-hard*, «jabalí fuerte». Por similitud fonética, ha acabado siendo identificado con Abelardo. Variantes: Aberardo, Alardo, Everardo, Eberard, Evrard, Everard, Everett, Eberhard.

EDELTRUDIS:

Variante de Adeltrudis.

EDGAR, EDGARDO:

Forma inglesa antigua de Eduardo, con entidad propia, principalmente a causa de san Edgar, que fue un rey sajón (944-975), conocido con el sobrenombre de «el Pacífico». En alemán: Otger. En italiano: Ogiero.

EDISON:

Nombre anglosajón, «hijo de Eduardo».

EDITA:

Procedente del germánico, formado con la raíz *ed*, «riqueza», y *gyth*, «combate». Popularizado hoy especialmente a través de la forma original inglesa Edith.

EDITH:

Rasgos: siempre es justa en sus apreciaciones. Opina sólo de lo que conoce, y se calla si no está bien al día del tema que se discute. Pero nadie advierte esta sabia prudencia de su carácter porque no la hace ostensible. Tampoco se altera demasiado frente a la alegría y el dolor. Jamás exterioriza sus sentimientos con gestos exagerados. Tiene convicciones personales y llega hasta el sacrificio por defender sus ideas.

EDMUNDO:

Del germánico *Hrod-mund*, «protector de la victoria». Popular en los países anglosajones. San Edmundo era rey de los sajones. Vivió únicamente treinta años (840-870). Los piratas daneses invadieron el reino en el año 860 e hicieron prisionero al monarca. Después de grandes sufrimientos, fue condenado a muerte. Rasgos característicos: son vivos de genio, despiertos y de carácter flexible. Son muy agradables en sociedad, bromean con facilidad con su cordialidad y su amabilidad. Es fácil vivir con ellos, aunque carecen un poco de solidez.

EDNA:

Nombre femenino muy común en Estados Unidos a principios del siglo XX. Al parecer se derivaría de la palabra «eden».

EDUARDO:

Del germánico *ead*, «propiedad, riqueza», y *gar*, «lanza», o tal vez mejor, de *Hrod-ward*, «guardián glorioso». Exiliado en su juventud, san Eduardo sufrió esta penalidad durante treinta años en Francia. Alcanzó la corona de Inglaterra por la muerte de Canuto el Grande, el rey danés invasor. San Eduardo fue el último rey anglosajón, puesto que a su muerte, ocurrida el 5 de junio del año 1066, Inglaterra fue dominada por Guillermo de Normandía. Eduardo reinó durante veintitrés años, y se ocupó de manera incansable del bienestar y de la prosperidad de sus súbditos. Hizo partícipe de su vida austera a su esposa, la princesa Edith. Ante la imposibilidad de cumplir el voto hecho en Francia de visitar la tumba del apóstol Pedro, en caso de recuperar el trono y la patria, lo sustituye mandando erigir en honor de san Pedro la basílica de Westminster, lugar que escogió Eduardo para ser enterrado. Rasgos característicos: son hombres admirables con una voluntad fría y tenaz, más sólidos que brillantes y muy idealistas. Saben lo que quieren.

EDUVIGIS:

Es uno de los más populares nombres germánicos, aunque poco usado en España en la actualidad. Procede de *Hathu-wig*, «batalla» o tal vez *Hrodviga*, «luchador victorioso». Ha habido dos santas destacadas de este nombre, una fue duquesa de Silesia y la otra reina de Polonia.

EDWARD:

Forma inglesa de Eduardo.

EFRAÍN:

Procede del hebreo *Ephraim* o *Ephraraim*, «muy fructífero, doblemente fructífero». Fue un patriarca bíblico, hijo de José, que llegó a ser cabeza de una tribu.

EFRÉN, EFRÉM:

Variante de Efraín.

EGIDIO:

Nombre de origen griego, traducible como «protector», por su origen Aegis, nombre del escudo de Júpiter y Minerva, así llamado por estar hecho con la piel curtida de la cabra Amaltea, nodriza del primero (*aíx*, «cabra»). Popularísimo en España en el siglo de oro, especialmente bajo la forma de Gil.

ELADIO:

Nombre griego derivado de Helas (Grecia), «griego». San Eladio, emparentado con la familia real visigoda, desempeñó en su juventud diversos cargos de gobierno en la capital visigótica de España, con ejemplaridad y gran prestigio. Se puede decir que se conducía como un religioso con hábito seglar. En la primera ocasión que se le presentó, se encerró en el monasterio de Agalia, donde se confundió con los demás religiosos en los oficios más humildes, ligándose con los votos religiosos tan pronto como le fue permitido.

ELAINE:

Una antigua versión francesa de Elena, muy usada actualmente en España.

ELEN, ELLEN:

Elena en inglés y francés, respectivamente.

ELENA, HELENA:

Nombre griego, derivado de _helane_, por lo que significaría «luz, brillante, resplandeciente». Santa Elena era la madre del emperador Constantino el Grande. La leyenda la asocia a la búsqueda y localización de la verdadera Cruz. Rasgos característicos: la pasión domina su vida. Tiene belleza ya sea esté tranquila y serena, o atormentada. El conjunto de su personalidad es agradable. Tiene encanto pero es vanidosa y siente satisfacción en destacarse sobre los demás. A veces es amable y cordial para granjearse la simpatía, pero otras se pone violenta y defiende acaloradamente sus ideas, sin dar oportunidad al diálogo sereno y razonado.

ELEONOR, LEONOR:

Procedente del gaélico Leonorius, que es probablemente una variante de León y Honorio. Para otros es un derivado de Elena. Santa Eleonor fue una religiosa portuguesa adscrita a la orden del Císter. Pertenecía al convento de San Benito de Castro. En el curso de su vida se vio favorecida con visiones de la gloria futura.

ELEUTERIO:

Nombre romano (*Eleutheria*, «libertad»), derivado del griego *Eleutherion*, nombre de unas fiestas en honor de Júpiter Liberador. También es simplemente adjetivo: *Eleutherios*, «libre, que actúa como un hombre libre».

ELIANE:

Femenino de Elías. Rasgos característicos: le gusta dar de sí misma una idea romántica, lo que a veces la inclina a mentir un poco. Muy apegada a su infancia.

ELÍAS:

Del nombre hebreo Elia, latinizado posteriormente en Elías. Nombre de Dios por excelencia, está formado por dos partículas, *El-iah*, cada una de las cuales es una alusión indirecta a Jahvé (cuyo nombre era impronunciable por respeto). Profeta del Antiguo Testamento. Pertenecía a la tribu de Neftalí. Su historia está incluida en el Libro de los Reyes. Elías, instigado por Dios para que el pueblo de Israel, entregado al culto de Baal y Astarté, retornase a la religión de sus antepasados, cubrió de ridículo y oprobio a los sacerdotes de las falsas divinidades. Perseguido por la reina Jezabel, se retiró al desierto. Después de profetizar el exterminio de la dinastía del rey Acab, confió al profeta Eliseo la continuación de su obra. Fue arrebatado al cielo en un carro de fuego. Rasgos característicos: son un poco egoístas y su trato no siempre es fácil.

ELIGIO:

Forma antigua de Eloy.

ELISA:

Es considerado habitualmente una abreviación de Elisabet, aunque en realidad es nombre independiente: del hebreo _Elyasa_, «Dios ha ayudado». Rasgos característicos: ama la poesía y mira la vida con romanticismo. Espera con fe y optimismo que el destino o la providencia confirmen todos sus sueños. Su paciencia y su constancia son realmente admirables. Su forma de razonar, influida por las fantasías de su espíritu, resulta a veces desconcertante para los demás, pero, a pesar de esta incomprensión, ella sigue fiel a su esperanza y a su fe en el futuro.

ELISABET, ELISABETH:

Se considera equivalente de Isabel. Nombre propio hebreo, _Elyseba_. Está compuesto por el elemento divino _El_, «Dios», el sufijo de la primera persona y la raíz verbal _sab_, «jurar», o también el sustantivo indicativo de «abundancia». Significaría, por tanto, «mi Dios ha jurado», o también «mi Dios es abundancia». Santa Isabel fue hija del rey de Hungría, Andrés II. A muy temprana edad contrajo matrimonio con el landgrave de Turingia, Luis IV. A los diecinueve años y con tres hijos, ve marchar a la quinta cruzada a su esposo. Al llegar la noticia de su muerte, es arrojada de casa, para arrebatarles los derechos a ella y a sus hijos. Al regresar los cruzados, le son restituidos los derechos a su primogénito. Pero Isabel renuncia a los suyos para hacerse religiosa y vivir en pobreza hasta su muerte, ocurrida en 1231 en Magdeburgo, donde fundó un hospital en honor de san Francisco de Asís, contemporáneo suyo. De sus dos hijas, Sofía será la esposa del duque de Brabante, mientras que Gertrudis, abadesa en el monasterio de Aldemburgo, será conocida después de su muerte como santa Gertrudis de Turingia. Rasgos característicos: son muy simpáticas, graciosas y orgullosas sin dejar de ser sencillas. Son de naturaleza realizadora y noble, capaces de utilizar sus dones naturales en los periodos de prueba, en los que saben dar muestra de valor y de paciencia. Son muy emotivas, con frecuencia parecen frías y distantes, debido a que saben contener los impulsos de su sensibilidad. Su compañero puede estar seguro de la felicidad en su matrimonio. Parecen con frecuencia influenciables y poco dadas a las iniciativas osadas.

ELISEO:

Nombre propio hebreo compuesto por el elemento divino *El*, «Dios», y el verbo *ysa*, «salvar, ayudar». Su significado es «Dios es mi ayuda, mi salvación». Profeta del siglo IX a. de C. a quien, según el Libro de los Reyes, eligió Elías como sucesor suyo, al dejarle su manto cuando abandonó la Tierra en un carro de fuego.

ELMO:

Variante de Erino, a su vez contracción de Erasmo. Significa «protector».

ELOÍSA:

Aunque es tomado habitualmente como la forma femenina de Eloy, en este nombre concurren otras fuentes como Aloísio, forma inglesa antigua de Luis, y también *Alvisa*, «sabio eminente». Incluso a veces es tomado como variante de Elisa. Una variante de Eloísa es Eloína.

ELOY:

Procede del latín *Eligius*, «elegido». San Eloy fue ministro del rey Dagoberto y es el patrón de los plateros, de los cerrajeros, de los herreros, de los cristaleros, de los fabricantes de tableros de ajedrez, de los carpinteros de carros, de los relojeros, de los herradores, de los fabricantes de moneda y de los fontaneros. Forma parte de la constelación de nombres usados como equivalentes de Luis.

ELSA:

Diminutivo de Elisabeth.

ELVIRA:

Nombre germánico: *Athal-vira*, «guardián noble». No puede descartarse, sin embargo, la influencia del topónimo Illiberis, ciudad de Granada donde se celebró un importante concilio (hoy Elvira). Nombre muy corriente en la Edad Media, portado por varias reinas y por una hija del Cid. Rasgos característicos: tiene fantasía y maneja las situaciones como a ella le gustaría que sucedieran. A veces, le resulta muy difícil salir de la red que ella misma ha creado a su alrededor. Frente a cada situación, calcula todas las posibilidades, pero esto no quiere decir que sea interesada, sino que, cuando da un paso, le gusta saber sus beneficios o consecuencias futuras.

EMETERIO:

Nombre de un santo hispano del siglo III. Procede del griego *Emen*, «vomitar», de ahí *Emeterion*, «vomitivo», y por analogía, «el que rechaza, el defensor». Otras formas suyas son Medir, Miterio y Mutino. San Medir era labrador y nació, al parecer, en Cataluña, en la parroquia llamada hoy de San Medín, cerca de Barcelona, en el lugar conocido entonces con el nombre de Castrum Octavianum, hoy San Cugat.

EMILIA:

Forma femenina de Emilio. Rasgos característicos: es honesta en el dar y el recibir. Trata siempre de ser comprensiva con los demás y se cuida mucho de no turbar los sentimientos o las vidas ajenas. Es sumamente leal con quienes le son leales. Da su adhesión a aquellos que estima en forma total e impulsiva.

EMILIANA:

Femenino de Emiliano. Santa Emiliana, religiosa italiana del siglo VI, fue tía de Gregorio el Grande.

EMILIANO:

Del latín *Aemilianus*, «relativo a la familia de Emilio». Hay varios santos con este nombre, entre ellos Emiliano, obispo de Nantes, quien se puso al frente de las tropas bretonas para resistir a los sarracenos que invadían Francia.

EMILIO:

La familia Emilia tuvo gran importancia en la historia de Roma, como lo prueban la provincia italiana de la Emilia y la Vía Emilia. El nombre en realidad es muy anterior, aunque se le haya querido relacionar con el latino *Aemulus*, «émulo», o con el griego *Aimílios*, «amable». En los países germánicos se ha mezclado con otros nombres con el componente Amal (como Amalberto, Amalarico, etc.). Rasgos característicos: tienen lo necesario para triunfar en la vida. Parecen saberlo todo, les gusta discutir y son buenísimos oradores, seguros de sí mismos. Poseen grandes cualidades intelectuales por las que se distinguen en los negocios. Son impresionables y muy sensibles a la adulación. No son demasiado afortunados en el amor y tienen tendencia a dejarse arrastrar por la desilusión.

EMMA:

Femenino de Emmanuel. Santa Emma, prima del emperador Enrique II el Santo, tras enviudar fundó numerosas abadías y distribuyó sus bienes entre los pobres. Creó entre otros el monasterio de Gurk, en Austria. Murió en el año 1045. Dos reinas de Francia y una de Inglaterra han llevado este nombre. Rasgos característicos: es rígida en sus principios y extremadamente razonadora. Es calmada en su acción frente a la vida. Todo lo hace lentamente, debido más a su cuidadosa forma de ser que a la pereza. Tiene, en el interior de su alma, un eterno candor adolescente, que se asombra ante muchas cosas y persevera en el error, por no abrir los ojos a la realidad. En consecuencia, corre el riesgo de equivocarse en sus elecciones.

EMMANUEL:

Nombre hebreo, que significa «Dios está con nosotros». Es el nombre con el que el profeta Isaías designa al Mesías en las Escrituras. Rasgos característicos: tienen una buena inteligencia, son muy imaginativos y bastante concentrados. Su temperamento es sensual, les encanta el lujo, pero les gusta poco el esfuerzo.

EMPAR:

Forma catalana de Amparo.

ENGRACIA:

Nombre cristiano, alusivo al estado de gracia divina. En latín, Ingratia.

ENRIQUE:

Evolución del germánico *Heimrich*, «casa poderosa», o, según otra interpretación, «caudillo de la casa, de la fortaleza». Nombre muy abundante en las casas reales de Castilla, Francia e Inglaterra. Son variantes suyas

Eimerico (forma antigua) y Henrique. Es asimilado también a los escandinavos Haakón y Eric. Rasgos característicos: aunque les gusta el placer y la vida fácil, son sin embargo económicos y un poco maníacos. Son simpáticos, modestos y prudentes, prudencia que raya a veces con la desconfianza.

ENRIQUETA:

Forma femenina de Enrique. Rasgos característicos: bajo una apariencia a veces descuidada, muestra los matices más opuestos de su temperamento. Tiene encanto y pesadez, habilidad y cierto cinismo, rapidez y lentitud. Siempre está dispuesta a hacer valer sus derechos: primero exige su cumplimiento con suavidad, luego en forma decidida y hasta violenta, y por último, llega hasta vengarse para lograr su meta. En cambio, con sus deberes no es tan exigente, porque los observa a través de sus caprichos.

EPIFANIO:

San Epifanio fue un famoso escritor eclesiástico, que nació hacia el año 315. Fue obispo de Constancia, en Chipre (367-403). Era de familia judía y fue convertido al cristianismo por san Hilarión. Asistió al Concilio de Constantinopla (403) y, al regresar a Chipre, murió durante la travesía. Escribió contra el arrianismo y las doctrinas de Orígenes una obra que se hizo famosa: *Panarion* («Botiquín o caja de medicinas»).

ERASMO:

Nombre procedente del griego *Erasmios*, «agradable, gracioso, encantador», por lo que es sinónimo de Dulce, Emerio, Euterpe, Melindres, Melitón, Pamela y otros. San Erasmo fue obispo de Formia, localidad situada en la región de Campania, Italia, en el siglo V. Es patrono de los marinos, quienes, en sus peligros y apuros, lo invocan bajo el nombre de san Telmo (san Elmo o Ermo, abreviación de Erasmo). En tiempos modernos se revitalizó este nombre gracias al humanista Erasmo de Rotterdam, quien latinizó su nombre original, que era Desiderio.

ERIC:

Análogo a Erico.

ERICA:

Forma femenina de Eric y Erico. En latín significa «brezo, madroño».

ERICO:

Procedente del germánico *Ewaric*, «regidor eterno». Identificado también con Enrique.

ERMELANDO:

Del germánico *Ermeland*, «tierra de Ermiones» (ver Erminio). Variante: Hermelando. Formas femeninas: Ermelinda, Hermelinda (en realidad formada con el sufijo *-lind*, «dulce»).

ERMELINDA:

Femenino de Ermelando, aunque para otros es una variante de Imelda.

ERMENGARDO:

Nombre germánico, compuesto de *Ermin* (como Erminia) y *gar*, «preparado para el combate», o *gard*, «jardín», respectivamente para las formas masculina y femenina. Identificado a menudo con Hermenegildo y con Armengol (de Ermin-Gaut, el último componente es nombre de una divinidad). Variante: Ermengardis.

ERMINIO:

Procedente del germánico, formado con la voz Ermin (nombre de un semidiós, que acabó designando una tribu, los Ermiones) o quizá de *Armans*, «grande, fuerte». San Ermino o Erminio, fue un obispo francés del siglo VIII.

ERNA:

Aparentemente se deriva de una palabra irlandesa que significa «saber».

ERNESTINA:

Femenino de Ernesto.

ERNESTO:

Del germánico *Ernust*, «combate». La etimología popular inglesa lo asimila a *Earnest*, «serio, sereno», palabra del mismo origen, especialmente desde la obra de

Bernard Shaw *The Importance of being Earnest* (*La importancia de llamarse Ernesto*), cuyo título juega con ambas palabras. Rasgos característicos: son muy valientes, un poco vivos, dominan sus sentidos con dificultad y tienen tendencia al engaño. Poseen un humor encantador y un sentimentalismo desbordante. Su defecto es la glotonería. Santo: san Ernesto, abad benedictino de Zwiefalten, Alemania.

ESCOLÁSTICA:

Nombre latino, procedente del griego *schola*, «escuela». *Scholasticus*, «maestra de escuela» o «que sigue las normas de la escuela, escolar». La única fuente histórica que se posee sobre santa Escolástica son los *Diálogos* de san Gregorio Magno, en los que este papa dedica dos capítulos a la santa religiosa, hermana de san Benito, consagrada a Dios desde la infancia. La virgen Escolástica es el espíritu puro, contemplativo por excelencia.

ESMERALDA:

Nombre cristiano-romano. Del latín *Smaragda*, «esmeralda».

ESPERANZA:

Nombre derivado de la palabra latina *spes*, del mismo significado. Santa Sofía bautizó a sus tres hijas con los nombres de las tres virtudes teologales (Fe, Esperanza y Caridad). Todas fueron mártires y santas.

ESTANISLAO:

Nombre polaco, formado por las palabras *stan*, «levantar», y *slava*, «gloria», siendo así «gloria elevada». Estanislao fue obispo de Cracovia y es el patrón de Polonia. El día 11 de abril del año 1079, mientras celebraba misa, fue asesinado por orden del rey Boleslao II, quien había sido excomulgado por Estanislao, no sabemos por qué motivo. Fue canonizado en el año 1253. Rasgos característicos: son distinguidos, orgullosos, firmes de carácter y con una gran dignidad. Tienen una voluntad que se manifiesta en su vida sentimental.

ESTEBAN:

Derivado del griego *Stephanós*, «coronado de laurel, victorioso». Diácono y protomártir del cristianismo, san Esteban era discípulo del doctor judío Gamaliel y fue el primer diácono consagrado por los apóstoles. Acusado injustamente de haber blasfemado contra Moisés, fue arrestado y conducido a Jerusalén. Al confesar ardientemente su fe cristiana, fue lapidado. Es el patrón de los canteros. Rasgos característicos: están dotados de una inteligencia muy perspicaz, poseen una gran flexibilidad de espíritu. Son enérgicos, amables, atentos y curiosos de todo. Son muy buenos amigos, tienen tendencia a la originalidad y no les gusta mostrar sus sentimientos.

ESTEFANÍA:

Forma femenina de Esteban. Santa Estefanía era una humilde dominicana que dedicó toda su vida a los pobres y vivió estigmatizada. Murió en 1530 en Sancino, Italia. Numerosas otras santas han llevado este nombre. Rasgos característicos: defiende sus ideas con pasión. Se inflama por cualquier causa que crea justa. Es muy idealista. No le importa ir contra la corriente de lo establecido y siempre está dispuesta a luchar por sus ideales.

ESTELA:

Procedente del latín *Stella*, «estrella». Rasgos característicos: sumamente sensible, es de gran corazón. Honesta y pura, es incapaz de abandonar a alguien. Prolonga sus afectos por bondad, más allá de sus propios deseos. Aunque sufra muchos golpes y desilusiones, siempre está dispuesta a comenzar de nuevo. Piensa que siempre puede encontrar algo mejor, porque cree en la superación de la gente y de la humanidad en general.

ESTER, ESTHER:

Nombre propio persa de la raíz *stara*, que deriva del sumerio Istar, nombre de una divinidad vinculada con el planeta Venus. La diosa Istar pasó al panteón fenicio con el nombre de Astarté. El significado de Ester sería así «astro, estrella». Ester cautivaba a los hombres por su gran belleza. El rey persa Asuero no constituyó una excepción. Y tan prendado quedó de la jovencita judía que no dudó en hacerla reina, casándose con ella, después de repudiar a Vasthi. Ester influyó de tal modo en las decisiones del monarca que consiguió la salvación de todos los judíos residentes en Persia, entre los cuales se contaba su máximo dirigente, Mardoqueo, tío de Ester. El nombre hebreo de Ester era Hadassah, que significa «mirto, arrayán». Rasgos característicos: dotada de buenas cualidades, no comprende por qué tiene poca suerte en la vida. Es que su belleza y su orgullo la hacen rígida en su trato con los demás, porque ponen un freno a su conducta espontánea. No se da nunca, por escrúpulos más que por orgullo. Pero, a pesar de toda esa contención en la que encierra su espíritu, resulta agradable, por las excelentes condiciones naturales, que afloran de su interior.

ESTEVE:

Esteban en catalán.

ESTRELLA:

Del latín _Stella_, «estrella», que vemos también en la variante Estela. Rasgos característicos: es propensa a enojos intensos que duran mucho tiempo. Sus cóleras son violentas y de temer, porque es difícil hacerla entrar en razón para llegar a un arreglo amistoso o cordial. Tiene propensión a tratar con personas de conducta dudosa, a las que tarda en comprender del todo o en descubrir sus verdaderas intenciones. La claridad llega un poco tarde a su vida, cuando le es más difícil retroceder para encontrar el camino.

ESTUARDO:

Nombre histórico inglés, por el que se conoce a la casa de Escocia.

ETHEL:

Nombre muy común en los países anglosajones. Parece que es una contracción de nombres más antiguos como Etheldedra o Ethelinda, ambos con el significado «noble».

ETIENNE:

Forma francesa de Esteban.

ETTORE:

Forma italiana de Héctor.

EUDIXIO, EUDIXIA:

Procede del griego *Eu-doxos*, «de buena opinión» o «de buena reputación». Nombre de una emperatriz oriental del siglo IV.

EUDORA:

Del griego, «don generoso».

EUDOSIO:

Variante de Eudoxio.

EUFEMIA:

La elocuencia era una de las cualidades más apreciadas en la antigua Grecia. Por ello, el significado de este nombre (*Eu-phemía*, «de buena palabra») es compartido por Anaxágoras, Arquíloco, Crisólogo, Crisóstomo, Eulalia, Eulogio, Eurosio, Protágoras y muchos más. Otros interpretan su significado como «de buena reputación», lo que la asimilaría a Eudoxia. Santa Eufemia, virgen de Calcedonia, sufrió el martirio durante la persecución de Diocleciano (hacia el año 304).

EUFROSINA:

Nombre de una de las tres Gracias de la mitología griega. De Euphrosyne, «la que tiene alegres pensamientos».

EUGENIA:

Femenino de Eugenio. Santa Eugenia fue sobrina de san Idilio y abadesa de los monasterios alsacianos de Hohenbourg y de Niedermunster. Murió en el año 735. Rasgos característicos: tiene carácter firme, pero bastante flexible a la hora de juzgar a los demás. Jamás toma por asalto lo que le corresponde, sino que lo logra a su tiempo, teniendo en cuenta todos los detalles. Es muy sentimental, pero no por eso desatiende las obligaciones. Tiene oportunidades en todos los dominios de la vida. El dolor la vuelve más humana que el triunfo, y es en el fracaso donde se agigantan sus fuerzas.

EUGENIO:

Del griego _Eu-genos_, «de buen origen, de casta noble, bien nacido». Rasgos característicos: son honrados, afectuosos y les gustan las ciencias. Sienten horror de las situaciones falsas o sencillamente novelescas. Poseen una gran ternura y son muy sensibles al valor de las atenciones que se les brindan. Es fácil herirlos.

EULALIA:

Nombre griego: *Eu-lalios*, «bien hablado, de buena habla, elocuente». Virgen y mártir que la tradición supone nacida en el barrio barcelonés de Sarriá. Actualmente, santa Eulalia se considera co-patrona de Barcelona. Rasgos característicos: tiene tendencia a vivir con ligereza su vida sentimental. No se forma una idea preconcebida, ni tampoco se detiene a meditar cuando llega el momento. En su posición frente al hombre no elige, sino que acepta lo que el destino le presenta, sin preocuparse mucho.

EULOGIO:

Nombre griego: procede de *Eu-logos*, es decir, *eu*, «bueno», y *logos*, «discurso, palabra». Tiene, por tanto, el significado de «buen discurso, buen orador». Por similitud fonética es identificado a veces con Eloy.

EUNICE:

Etimología: del griego *Eunike*, «que logra una buena victoria, victorioso».

EUSEBIO:

Derivación de Eusebeia, diosa de la piedad en Grecia. La traducción literal del nombre de Eusebio es «de buenos sentimientos».

_ E _

EUSTAQUIO:

Procede del griego *Eustachys*, «cargado de bellas espigas», en sentido figurado «fecundo». Es el patrón de los cazadores, junto con san Huberto.

EVA:

Nombre propio hebreo, es un vocablo muy antiguo: *hyya*, «dar vida». Su significado es «vida, otorgar vida, viviente». Según el Génesis, fue la primera mujer. Dios llenó con la existencia de Eva la soledad de Adán. Eva desobedeció e incitó a desobedecer a Adán el precepto divino. Después, entristecidos, atribuyéndose mutuamente la culpa de la falta cometida, Adán y Eva fueron expulsados del paraíso. Rasgos característicos: son muy femeninas, muy guapas, atractivas y encantadoras. Son muy sentimentales, a veces coquetas y caprichosas. Sienten curiosidad por todo y les atraen las artes. Están en constante deseo de superación. Ansían crear y renovar, aun exponiéndose a un mal pago del destino. Su afán de elevación se manifiesta sin tregua, impulsándolas a la acción.

EVANGELINA:

Es el nombre de la heroína de un famoso poema idílico (*Longfellow*).

EVARISTO:

Del griego *Eu-arestos*, «bueno entre los mejores, complaciente, agradable». San Evaristo fue el quinto papa.

EVELINA:

Variante de Eva. Rasgos característicos: hermosa, brillante, apasionada y artista. Con frecuencia muy idealista, defendiendo sus ideas con ardor.

EVELIO:

Masculinización de Eva, concurrente con el germánico Eiblin, con Avelina y, quizá, con el adjetivo griego *euélios*, «bien soleado, luminoso, radiante».

EXUPERANCIO:

Nombre latino: *exuberantia*, «abundancia», *ex-superans*, «que supera». San Exuperancio fue arzobispo de Rávena, en la época en que esta ciudad era la capital del Imperio de Occidente.

EXUPERIO:

Procede del latín, con la misma etimología que Exuperancio. San Exuperio fue obispo de Tolosa hacia el año 410.

EZEQUIEL:

Del hebreo *Hezeq-iel*, «fuerza de Dios». El prefijo *ezr* o *hezeg*, «fuerza», aparece en el nombre Ezrá y en otros nombre bíblicos como Ezequías o Israel. El profeta Ezequiel anunció la ruina de Jerusalén y tuvo la visión de un carro de fuego, cuya interpretación sigue levantando polémicas.

FABIÁN:

Gentilicio romano. *Fabianus*, «de la familia de Fabio». Fabián gobernó la Iglesia romana durante catorce años, del 236 al 250. San Fabián fue un papa que se distinguió por sus dotes de buen organizador; dividió Roma en siete regiones administrativas, sometidas a otros tantos diáconos. Tuvo una preocupación particular por la buena administración de los cementerios, que tenían gran importancia en la vida de los romanos, y gozó de una gran reputación en todo el mundo cristiano. Rasgos característicos: son modestos, bastante distinguidos, muy reservados, tienen un espíritu ocurrente y un sentido personal del saber hacer. Les aterra la publicidad y no les gusta hablar en público.

FABIANA:

Femenino de Fabián.

FABIO:

Procedente del nombre de familia romana Fabius, y éste de *faba*, «haba», legumbre de primer orden en la alimentación romana. La popularidad de este nombre revivió en el Renacimiento, estimulada por varias obras literarias.

FABIOLA:

Procede del latín Fabiolus, diminutivo de Fabio. En la ilustre familia romana de los Fabios, destaca santa Fabiola por su vida santa; al quedar viuda, después de un matrimonio no excesivamente ejemplar, emprende una vida de santidad bajo la dirección de san Jerónimo.

FABRICIO:

San Fabricio vivió en Toledo.

FACUNDO:

Del latín *Fecundus*, «elocuente». San Facundo y san Primitivo recibieron conjuntamente el martirio en León, en tiempos del emperador Marco Aurelio. Sus reliquias se veneran en Sahagún.

FANNY:

Derivado de Francisca. Rasgos característicos: es natural en todo lo que hace, pero nunca llega a liberarse totalmente. Es espontánea, pero tiene bien afianzado el sentido de la responsabilidad. El trabajo y la propiedad son dos fuerzas importantes en su vida.

FÁTIMA:

Nombre árabe que significa «doncella», de *Fata*, «joven», extendido en Europa desde las apariciones de la Virgen ocurridas en 1927 en la localidad portuguesa del mismo nombre.

FAUSTINO:

Procedente del latín. Personaje célebre: mártir en Brescia, Italia, en el siglo II.

FAUSTO:

Nombre procedente del latín. Deriva de la palabra *faustos*, «feliz». San Fausto murió en Córdoba después de un muy cruel martirio, en el que tuvo por compañeros a san Genaro y a san Marcial. El gran poeta latino Aurelio Prudencio cantó en el siglo IV las coronas de los «tres mártires», nombre con el que son conocidos en Córdoba.

FE:

Nombre de esta virtud teologal, del latín *Fides*.

FEDERICO:

Nombre germánico, compuesto de *fridu*, «paz, pacífico, pacificador», y *reiks*, «rey, príncipe, príncipe de la paz». Rasgos característicos: saben lo que quieren; son reflexivos, decididos, tenaces. Se destinan a su meta con orgullo y ambición. Saben gustar por su finura, por una alegría ligera y una melancolía llena de encanto. Son intuitivos y sensibles y pronto se sienten impresionados por lo que los rodea. Santo: san Federico, obispo de Utrecht y mártir en el siglo IX.

FEDOR:

Variante de Teodoro.

FELICIANA:

Femenino de Feliciano. Santa Feliciana, mártir.

FELICIANO:

Etimología: del latín, «feliz». Rasgos característicos: se ponen fácilmente al corriente de lo que emprenden, lo cual les da popularidad. Son fáciles de gesto y de palabra, pues tienen un espíritu práctico y vivo. Son muy independientes, no les gusta solicitar los servicios de los demás y son capaces de triunfar en todo lo que emprenden. Tienen grandes cualidades de espíritu y les gusta la música. Creen en el amor único y no vacilan en sacrificarlo todo por la mujer amada.

FELICIDAD:

Nombre latino (Felicitas), aplicado a una diosa portadora del cuerno de la abundancia. Adoptado por el cristianismo en múltiples derivados: Felicitas, Feliz, Félix, Felicísimo, Feliciano, etc.

FELIPE:

Nombre procedente del griego *Philos-hippos*, «amigo de los caballos». Nombre aristocrático. Llegó a España con el yerno de los Reyes Católicos y daría nombre a cuatro reyes más. Rasgos característicos: están dotados de una inteligencia más brillante que profunda. Trabajan metódicamente y obtienen el máximo. Tienen un carácter suave, fácil de influir, a veces se dejan llevar por los caprichos. No les gusta la violencia, pues son fundamentalmente tranquilos. Están muy apegados a su mujer y a su hogar.

FÉLIX:

Nombre cristiano-romano. Del latín *Felix*, que significa «feliz» o «fértil». Sus rasgos característicos son los mismos que para Feliciano.

FEODOR:

Forma rusa de Teodoro.

FERMÍN:

Del latín Firminus, aplicado porque el santo portador de este nombre era hijo de un tal Firmo («firme», especialmente «en la fe», aunque aplicado también al último hijo con el sentido de «paro, basta»).

FERMINA:

Femenino de Fermín.

FERNANDO:

Procedente del germánico Fredenandus, evolución de *frad*, «inteligente», y *connand*, «osado, atrevido». Las casas reales de Castilla y Aragón extendieron este nombre en toda Europa, y el conquistador Hernán Cortés inició su difusión en América. Rasgos característicos: tienen un espíritu seductor y no les gusta la trivialidad. Poseen una sensibilidad muy vibrante y son optimistas. No tienen mucha prudencia para evitar las desgracias que los persiguen.

FIDEL:

Del latín *Fidelis*, «fiel», «que tiene fe». Expandido universalmente por Fidel Castro y el personaje de una ópera de Beethoven, arquetipo del amor conyugal, Fidelio. Rasgos característicos: tienen buenas cualidades y son leales. A veces son soñadores y, con frecuencia, los sueños se convierten en una dura realidad en su espíritu.

FILADELFO:

Del griego *Philádelphos*, «que ama a su hermano». Sobrenombre de Ptolomeo, rey de Egipto, pero universalizado por la ciudad americana de Filadelfia, capital del estado de Pennsylvania, fundada por William Penn para fomentar el amor fraternal.

FILEMÓN:

Nombre propio griego, derivado de *phileo*, «amar, complacer». Su significado es «amable, afectuoso». Filemón es el nombre de un cristiano rico de Colosas, a quien va dirigida la epístola más corta de san Pablo. San Filemón fue martirizado en Antinoo, en aquel tiempo ciudad del Alto Egipto, junto con san Apolonio, en el año tercero del imperio de Diocleciano. Fue tan evidente el milagro que el santo realizó al devolver la visión de un ojo al presidente Ariano, gobernador de la Tebaida, que éste se convirtió, con gran enojo de Diocleciano. La conversión le acarreó a Ariano el martirio, al que se sumaron cuatro funcionarios de la administración romana en aquellas tierras.

FILIBERTO:

Nombre germánico. Literalmente significa «muy famoso» (fili, deformación de *full*, «total, mucho», y *berth*, «brillante, famoso»).

FILOMENA:

Del griego *Philos-melos*, «amigo del canto» (*melos*, «melodía, canto»). Rasgos característicos: son sencillas, muy dulces, un poco melancólicas y en ocasiones ingenuas. Son puras, leales, reservadas y sentimentales.

FIONA:

Procedente del galés, «de piel pálida».

FLAVIA:

Femenino de Flavio.

FLAVIANO:

De *Flavianus*, gentilicio de Flavio.

FLAVIO:

Nombre romano muy popular, derivado del latín *Flavus*, «amarillo, de pelo rubio». Dio nombre a dos célebres dinastías de emperadores. En la población gallega de Iria Flavia se encontró en la Edad Media el sepulcro del apóstol Santiago.

FLOR, FLORA:

Etimología: del latín, diosa de las flores. Rasgos característicos: es activa en su trabajo, aunque no rápida. Cuando emprende una tarea lo hace en forma lenta pero segura y decidida. Acepta de antemano los riesgos con valentía y esperanza de poder superarlos, logrando un buen resultado. Es extremista en su fe. Cree en todo o en nada, con total intensidad. Su entusiasmo le hace ganar la admiración de quienes la rodean y el cariño de los seres queridos a los que siempre está dispuesta a favorecer. Nombres derivados: Floreal (nombre del octavo mes del calendario republicano francés), Floregio, Florencia, Florente, Florenciano, Florentino, Florián, Floriano, Floriberto, Florida, Florindo, Florino, Florio, Florestán.

FLORENCIA:

Derivado de Flora. Rasgos característicos: los mismos que para Flora. Santa: santa Florencia, mártir en Languedoc.

FLORENCIO:

Uno de los derivados de Flor, procedente del latín *Florens*, «floreciente, en flor». Dio nombre a una célebre ciudad italiana, y, por las flores de lis del escudo de ésta, a una moneda, el florín.

FLORENTINO, FLORENTINA:

Nombre gentilicio de Florencia, capital de la región de Toscaza, en Italia. Santa Florentina nació en la Cartagena visigótica del siglo VI; fue hermana de san Fulgencio, san Leandro y san Isidoro.

FLORIÁN:

Procedente del latín. San Florián es el patrón de Austria.

FORTUNATO:

Del latín *Fortunatus*, con el significado de «favorecido por la suerte, por la fortuna».

FRANCIS:

Abreviación de Francisco.

FRANCISCA:

Forma femenina de Francisco. Tiene una marcada tendencia a no mezclarse en los acontecimientos. Deja que las cosas sigan su curso, pero siente el afán de hacerse notar, de destacarse de los demás. Sus puntos de vista frente a la vida son amplios y a veces la fantasía se adueña de sus pensamientos. Sabe aprovechar las ocasiones favorables que se le presentan. Puede ser muy exigente. No acepta críticas, aunque éstas sean hechas en tono suave y benévolo. Su actitud, más que a una excesiva susceptibilidad femenina, se debe a su marcado orgullo. Le atrae la aventura y tiene condiciones para ordenar el trabajo de los demás.

FRANCISCO:

Procede del alemán antiguo latinizado; significa «franco, libre». Tiene muchos derivados. Tan sólo en España encontramos Frasquito (contracción de Francisquito), Paco (de Phacus, y éste contracción de Phranciscus, todo ello concurrente con el antiguo nombre ibero Pacciaecus, que por otro lado dio Pacheco), Paquito, Pancho, Curro (por Fransciscurro), Francis, etc. Rasgos característicos: son positivos, de ideas claras, les gusta la acción y la disciplina, están dotados para todo tipo de oficios. Pueden orientar sus esfuerzos en varias direcciones al mismo tiempo. Son trabajadores por naturaleza y les gusta su trabajo, pueden estar seguros del éxito en los negocios. Saben observar y sacar provecho de lo que ven. Son sentimentales y grandes enamorados de la vida. Les gustan mucho los niños y tener una gran familia. Entre los santos de este nombre están san Francisco de Asís (1182-1226), fundador de todas las órdenes franciscanas, patrón de los talladores y de los tapiceros; san Francisco de Paúl (1416-1508), fundador de la orden de los Mínimos; san Francisco Javier (1506-1552), discípulo de san Ignacio, patrón de la India, de

Mongolia, de Pakistán, de las misiones y del turismo; san Francisco de Sales (1567-1622), obispo de Ginebra, patrón de los escritores y de los periodistas; san Francisco de Borgia, grande de España en el siglo XVI.

FRINE:

Procede del griego *Phryne*, «sapo», dado como sobrenombre a algunas cortesanas atenienses por su tez morena. La más famosa, una amiga de Praxíteles que consiguió ser absuelta del delito de impiedad exhibiendo ante los jueces su perfecta desnudez.

FROILÁN:

Nombre germánico. Deriva de *frauli*, «señor», y, posiblemente, de *land*, «tierra, patria». Un rey de Asturias llevó este nombre, si bien en su variante Fruela. San Froilán nació en Lugo. Dedicó su vida a la evangelización de Galicia, Asturias, León y las riberas del Duero, en la segunda mitad del siglo IX, tierras que constituían el reino de Alfonso III el Magno. Fundó numerosos monasterios y fue obispo de León.

FRUCTUOSO:

Del latín *fructuosus*, «fértil, fructífero». San Fructuoso fue obispo de Tarragona.

FUENSANTA:

Advocación mariana relativa a Nuestra Señora de la Fuensanta, patrona de Murcia desde la milagrosa curación obrada por una pequeña imagen de la Virgen hallada cerca de una fuente.

FULGENCIO:

Nombre latino. Procede de *fulgentius*, «reluciente, refulgente». San Fulgencio nació en Cartagena, al igual que su hermano mayor Leandro y su hermana Florentina. Sus padres, Severiano y Teodora, buscaron refugio en la Bética, y es Sevilla la que proporcionará la inmortalidad en el campo de las letras al hermano mayor, Isidoro, que, al igual que los otros tres, fue canonizado. Fue obispo de Cartagena y de Écija.

FULVIA:

Del latín, «rubia».

GABOR:

Forma húngara de Gabriel.

GABRIEL:

Del hebreo *Gabar-el*, «fuerza de Dios». Gabriel fue el arcángel que anunció la maternidad de María, por lo que Pío XII lo designó patrón de las telecomunicaciones. En la teología islámica es un intermediario entre la revelación divina y Mahoma. Rasgos característicos: son imaginativos, consagrados intensamente al trabajo, muy vivos y les gusta la acción rápida. Son puntuales, ordenados y excelentes en los negocios. Son finos, espirituales, de carácter amable, pero también un poco caprichosos e irritables y se creen perseguidos, lo cual les lleva a veces a crisis de inquietud que, en realidad, son crisis de conciencia. No están hechos para las grandes empresas ni para las luchas encarnecidas.

GABRIELA:

Femenino de Gabriel. Sus rasgos característicos son los mismos que para Gabriel, aunque las mujeres son más sentimentales que los hombres y son excelentes esposas. Además, tiene mucha fantasía y quisiera poder ordenar su vida según sus propios deseos e ilusiones. No posee seguridad en sí misma, y a veces, en el curso del día, cambia de idea o modifica una situación que ya parecía definitiva. Es muy dinámica y trabaja con gran perseverancia y entusiasmo. Su carácter contradictorio e impulsivo le crea enemistades. Goza en despertar pasiones y le atrae todo lo inesperado y aquello que se le niega o le es difícil lograr.

GAIL:

Nombre femenino muy común en los países anglosajones. Procede del hebreo y significa «alegría del padre». Diminutivo de Abigail.

GALVIN:

Nombre procedente del antiguo galés, que significa «gorrión» y también «extraordinariamente blanco».

GAMAL:

Nombre árabe bastante común cuyo significado es «camello».

G

GAMALIEL:

Nombre procedente del hebreo, que significa «recompensa de Dios».

GARDENIA:

Nombre tomado de la flor del mismo nombre, de aroma muy penetrante.

GARETH:

Procedente del inglés antiguo y con el significado de «gentil». Era el nombre de uno de los caballeros de la Tabla Redonda.

GARRY:

Diminutivo inglés de Gerardo.

GASPAR:

Nombre propio griego, derivado de las raíces *ga-ges*, «tierra, nación, país», y *para*, «junto a, procedente de, el que viene de alguna parte». Su significado poético sería «el mensajero del mundo» o «el que viene de la tierra, de la nación». Para algunos, el nombre de Gaspar es de origen incierto, quizá una deformación del sirio *Gushnassaph*, o del persa *Kansbar*, «administrador del tesoro». Nombre de uno de los tres Reyes Magos que, procedentes de Oriente, llegaron a Belén para adorar al niño Jesús.

GASTÓN:

Nombre de procedencia francesa. Deformación de *gascón*, «de la Gascuña, gascón». No es correcta su derivación del germánico *Gast*, «huésped».

GAUDENCIO:

Nombre latino, equivalente a «feliz». Deriva de *gaudeo*, «alegrarse». San Gaudencio, obispo de Brescia, murió hacia el año 410, dejando escritos veinticinco tratados ascéticos.

GEDEÓN:

Procede del hebreo *Gid'on*, que tal vez significara «valentón». O, para otros, de *Gadehon*, «el que rompe, el que humilla». Gedeón fue un juez de Israel que liberó a su pueblo de la esclavitud.

GELASIO:

Del griego *Gelasimós*, que significa «jovial, risueño».

GEMMA:

Nombre de origen latino: *gemma*, «piedra preciosa» por extensión del sentido originario de «gema, botón». Santa Gema Galgani fue una mística italiana, famosa por sus estigmatizaciones.

GENE:

Diminutivo anglosajón de Eugenio y Eugenia.

GENEVIÈVE:

Genoveva en francés.

GENOVEVA:

Para unos procede del galés *Gwenhuifar*, «blanca como la espuma del mar»; otros ven en este nombre la raíz *genos*, «origen», y el sufijo *wit*, «mujer». Finalmente, otras interpretaciones le otorgan el sentido global de «buena estirpe». Santa Genoveva es la patrona de París. Nació en Nanterre y prometió a Dios, desde los primeros años, su vida. Salvó a la ciudad de la invasión de los hunos y de Atila. Es también la patrona de la policía francesa y de las pastoras. Genoveva de Bravante es la heroína de una de las leyendas más célebres de la Edad Media europea. Rasgos característicos: dedicadas a sus semejantes. Reprimen la emoción que sienten interiormente. Son muy sensibles, muy dulces y valientes hasta el heroísmo. Saben lo que quieren al tiempo que derraman simplicidad. En el amor, son más bien exigentes. No desean mal a nadie y la mediocridad y la cobardía les horrorizan.

GEPPETTO:

Diminutivo italiano de José.

GERALD:

Forma inglesa de Gerardo.

GERALDO, GIRALDO:

Variantes de Gerardo.

GERARDO:

Nombre germánico, *Gari-hard*, «lanza fuerte, fuerte por la lanza». También podría derivar de *Wari-hard*, «guardián valiente». San Gerardo dejó en Venecia el esplendor de su familia para escoger la vida religiosa. Dedicó treinta años a la evangelización de Hungría, atendiendo a la petición del rey san Esteban. Rasgos característicos: son imaginativos, idealistas, de naturaleza intuitiva, carecen con frecuencia de espíritu práctico. Son corteses, caballeros, con un carácter un poco fantástico, pero a menudo tímidos. Adoran la vida de familia y son excelentes maridos. Este nombre tiene muchas variantes, entre ellas: Gereardo, Geroldo, Giraldo, Girardo, Grao, Guerao, y en otros idiomas: Gerard, Giraldo, Gérald, Gérard, Garry, Jerry, Gaddo, etc.

GERDA:

Nombre noruego, significa «refugio».

GERMÁN:

Nombre en el que concurren dos orígenes: el latín *Germanus*, «hermano», que fue aplicado a uno de los pueblos invasores bárbaros por similitud fonética con su verdadero apelativo, *Wehr-mann*, «guerrero». El nombre fue popularizado por san Germán de Auxerre, que dio nombre al barrio parisino de Saint-Germain-des-Prés. Rasgos característicos: son muy realistas y prácticos y tienen sentido de la iniciativa. Les gusta el orden, la puntualidad, la tranquilidad y una vida bien organizada. Su susceptibilidad, muy viva, no se exterioriza en absoluto. En el amor son razonables y no se dejan engatusar fácilmente.

GERÓNIMO:

Rasgos característicos: son joviales, afectuosos, ardientes, a veces se dejan arrastrar por sus emociones. Están dispuestos a entregarse, a darse a una causa, y son fieles y están apegados a su hogar. Son bastante poco objetivos, pero consiguen definirse al menos con suficiente lucidez. Por lo tanto, son seres inquietos y, a veces, difíciles de soportar.

GERTRUD:

Forma alemana de Gertrudis.

GERTRUDIS:

Del germánico *Gair-trud*. *Gair*, «lanza»; *trud*, «caro, querido». Hoy poco usado, pero frecuente en el mundo literario: recordemos las escritoras Gertrude Stein y Gertrudis Gómez de Avellaneda. Rasgos característicos: tiene un temperamento adaptado para encontrar y hacer la felicidad, muy fácilmente. Se contenta con poco y sabe ponerle ilusión a las cosas que tiene, sin ambicionar lo que está más allá de sus posibilidades. Por lo tanto, hace agradable la vida de los suyos y, si forma un hogar, crea en todos sus integrantes un vínculo cordial y amable. Esto hace que su familia y los amigos la aprecien sinceramente y siempre busquen su compañía.

GERVASIO:

Etimología: del latín, formado sobre el germánico. Rasgos característicos: gozan de una gran facilidad de adaptación, de un juicio sano, se aplican bien en el trabajo y les gusta el orden y la justicia. Santo: san Gervasio, mártir en Milán durante el reinado de Nerón.

GETULIO:

Del latín *Gaetulus*, nombre de una tribu norteafricana, los gétulos (nombre a su vez incierto, quizá derivación de *Gaesus*, «dardo»). Variante: Gétulo.

GHITA:

Diminutivo inglés de Margarita.

GIACOMO:

Forma italiana de Jaime y Jacob.

GIL:

Forma moderna de Egidio, muy popular en España a partir del Renacimiento. Rasgos característicos: son amigos seguros, fieles, abnegados y con sentido de la realidad. Son un poco melancólicos y en ocasiones olvidan tener en cuenta el carácter de los demás. Tienen sentido de la fantasía y aman demasiado, hasta dominar. Su tendencia a la violencia daña su vida amorosa.

GILBERTO:

Nombre germánico, que procede de *Gisil-berth*, «famoso por la flecha, arquero famoso». Se ha señalado también como posible origen *Will-berth*, «voluntad ilustre». Nombre muy popular en Francia, algo abandonado en los últimos años. Rasgos característicos: muy inteligentes, francos, muy leales, muy desenvueltos y un poco perezosos. Vivos, ardientes, aunque reservados, les gusta ser adulados y se sienten atraídos por las personas que son superiores a ellos.

GILDA:

Etimología: del germánico *Gild*, «tributo, impuesto», aunque también puede ser una abreviación de Hermenegilda. Nombre que se hizo famoso a partir de una película de los años cuarenta.

GINÉS:

Etimología: del latín *Genesius*, y éste del griego *Génesis*, «origen, nacimiento». *Genesios*, «protector de la familia». Además, posee un posible parentesco con el latín *Genista*, «retama», y también «enhiesto, derecho».

GINGER:

Muy común en Estados Unidos. Diminutivo de Virginia.

GIOIA:

Significa «alegría», muy común en Estados Unidos.

GIOVANNI, GIANNI:

Formas italianas de Juan.

GIROLAMO:

Jerónimo en italiano.

GISELA:

Procede del germánico *Gisil*, «flecha». Muy corriente en Francia desde que una hermana de Carlomagno, llamada en realidad Isberga (*isan*, «hierro, acero»; *berg*, «protección»), lo adoptó como segundo nombre, por lo que hoy son considerados equivalentes. Rasgos característicos: cuando encuentra su equilibrio, lo cual no es fácil, puede llegar a ser una mujer notable y muy llamativa.

GISLENO:

Forma masculina de Gisela.

GIUSEPPE:

Forma italiana de José.

GLEN, GLENN, GLENNA:

Procede del irlandés antiguo. Glenn es un valle entre montañas. Nombre muy común en Estados Unidos.

GLORIA:

Del latín *Gloria*, «fama, reputación». Es un nombre cristiano alusivo a la Pascua de Resurrección o

Domingo de Gloria. Existe también la adaptación germánica Glorinda.

GLYNIS:

Diminutivo de Glenna.

GODIVA:

Del germánico *God-gifu*, «regalo de Dios», o tal vez sea una simplificación de Godeliva (*God-leuba*, «amada por Dios»). Popularizado por la leyenda de lady Godiva de Coventry, esposa de Leofric, conde de Mercia, que para obtener de su marido un mejor trato para sus súbditos, cabalgó desnuda por la población sin ser vista por éstos, que voluntariamente se encerraron en sus casas.

GODOFREDO:

Se encuentra unas veces la forma Godefroi o Godefroy y otras la de Geoffroi o Geoffroy, pero todos estos nombres están ligados a la misma etimología, del germánico, «paz de Dios». Rasgos característicos: son valerosos, perseverantes y tranquilos. En el amor, su característica es el cariño real. Santo: san Godofredo, obispo de Amiens en el siglo XII.

GONZALO:

Procede del antiguo nombre Gonzalvo, contracción a su vez de Gundisalvo, que hoy sobrevive como apellido, siendo muy raro hallarlo como nombre. *Gund*, «lucha»; *all*, «total»; *vus*, «dispuesto, preparado»: «guerrero totalmente dispuesto para la lucha». San Gonzalo de Amarante fue un dominico portugués, nacido en el año 1186. Una vez ordenado sacerdote, fue nombrado rector de San Pelagio por el obispo de Braga. Otro santo del mismo nombre es san Gonzalo de Galicia, venerado en San Martín de Mondoñedo, lugar donde se halla su sepulcro.

GRACIA:

Nombre mitológico, recuerdo de las tres hermanas Gracias, hijas de Zeus y Afrodita. Su origen es antiquísimo, puesto que procede del sánscrito *Gurta*, «bienvenido, agradable», que se convirtió en el latín *Gracias*. Ya en la época cristiana pasó a referirse a la Gracia divina.

GRACIELA:

Diminutivo de Gracia, inspirado en la forma italiana Graziella, que ha eclipsado en popularidad al nombre original. Procede del latín *Gratus*, «grato, agradable», aunque más bien suele referirse al valor teológico de la gracia divina. Derivados: Gracián, Graciano, Grato, Gratiriano, Graciniano, Altagracia, Engracia, Graciosa.

GREGORIO:

Del griego *Egrégorien*, «que vela, vigilante». Trece papas han llevado este nombre. También varios santos, entre ellos el papa San Gregorio I, doctor de la Iglesia, llamado el Grande. El famoso «Canto Gregoriano» le debe su nombre. Es el patrón de los cantores y de los fabricantes de instrumentos musicales. Rasgos característicos de los Gregorios: tienen poca imaginación, pero sí prudencia, una gran dignidad de vida, un juicio sano y bien equilibrado. A veces son un poco severos con los demás.

GRETA:

Nombre sinónimo de Margarita, muy popular en los países nórdicos. Personaje célebre: Greta Garbo, actriz.

GRETCHEN:

Diminutivo alemán de Margarita.

GRETE:

Forma alemana de Margarita.

GUADALUPE:

Procede del árabe *Wadi al-lub*, «río de cantos negros». Otras etimologías populares son: desde *Wadi-lupi*, «río de lobos» que abrevaban cerca del santuario, hasta el *náhuatl Coatliuhe*, «la de la falda de serpientes», o *Coatlaxopeuh*, «la que pisoteó la serpiente». Es la patrona de México, donde su nombre está muy extendido.

GUALTERIO:

Nombre germánico procedente de *Waldhari*, «el que gobierna al ejército» (*waldy*, «gobernante», y *hari*, «ejército»). San Gualterio alcanzó tal notoriedad y popularidad en el norte de Francia, que se tuvo que cambiar el nombre en dos ocasiones.

GÚDULA:

Diminutivo latinizado del nombre germánico *Guda*, «Dios» (*Gudulus*). Para otros intérpretes, procede de *gund*, «batalla». Es la patrona de Bruselas.

GUENDALINA:

Tiene muchas interpretaciones: «la de pestañas blancas», «mujer dulce», «la del círculo blanco», etc. Tiene muchas variantes: Gundelina, Gundelinda, Guendolina, Guvendolina. En los países anglosajones, la forma Gwendolyne es considerada equivalente a Genoveva.

GUIDO:

Nombre germánico procedente de *Widu*, «amplio, extenso, dilatado», o de *wido*, «madera, bosque». San Guido nació cerca de Bruselas y fue, ya en su juventud, un modelo de honradez y piedad.

GUILLERMINA:

Femenino de Guillermo. Algunas personas de este nombre tienen, por naturaleza, tendencia al engaño. En las grandes y las pequeñas cosas, les resulta fácil disfrazar la verdad; y para esto las ayuda su poderosa fantasía, que en un momento crea la respuesta exacta para cada pregunta que se les hace. Esto, por supuesto, les acarrea serios inconvenientes. Entonces se prometen no volver a mentir; pero pronto se olvidan de su propósito, y vuelven a evadir la verdad con rodeos que sólo logran complicarles la vida.

GUILLERMO:

Nombre germánico: de *Wilhelm*, «yelmo voluntarioso», o también, figuradamente, «protector decidido». Desde Vercelli, su ciudad natal, situada al norte de Italia, san Guillermo peregrinó a Santiago de Compostela, descalzo y austeramente vestido. A su regreso, abrazó en las proximidades de Nápoles la vida de ermitaño. Con su fama de santidad atrajo a muchos otros cristianos a la práctica de este género de vida. Son palabras de san Guillermo: «Es necesario obtener mediante el trabajo de nuestras manos el alimento, el vestido y los recursos para socorrer a los pobres». Rasgos característicos de las personas con este nombre: son brillantes, sensibles, elegantes, no retroceden ante nada. Son muy decididos, de naturaleza compleja, capaces de ser al mismo tiempo generosos y egoístas. Con frecuencia alcanzan el éxito. Son muy fieles en el amor y hacen todo lo posible por asegurar la felicidad de su amada.

GUIOMAR:

Procedente del germánico *Wig-maru*, «mujer ilustre». Popular en los países de habla portuguesa.

GUMERSINDO:

Procede del germánico *Guma-swind*, «hombre fuerte». O de *Guma-sind*, «expedición de guerreros».

GUSTAVO:

Nombre germánico, de origen no totalmente definido. Quizá proceda de *Gund-staf*, «cetro del rey». Nombre de diversos reyes de Suecia, entre los que destaca Gustavo Adolfo II, denominado el Grande. Fue uno de los hombres más eminentes de su época; político, organizador, diplomático y gran militar, lo que permitió a Suecia alcanzar una posición de gran importancia en todos los órdenes. Rasgos característicos de quienes llevan este nombre: están dotados de una inteligencia clara y positiva, de naturaleza influenciable, son más realistas que idealistas. Les gusta la acción y una vida muy movida. Se atan fácilmente y se desatan con mucha dificultad.

GWEN, GWENDOLYN:

Versión anglosajona de Guendalina.

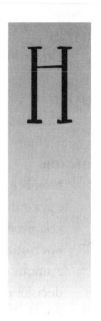

HAIDEE:

Se cree que procede del griego moderno *Waïdé*, y éste del verbo *xaïdéyo*, «acariciar»: «la acariciada, la mimada». Puede ser igualmente relacionado con *Aídos*, «respetable».

HANS:

Forma alemana de Juan.

HAROLDO:

Del germánico *Hari-ald*, «pueblo ilustre». Nombre de varios reyes noruegos, ingleses y daneses.

HARRIET:

Forma femenina anglosajona de Enrique.

HARRY:

Diminutivo anglosajón de Enrique.

HAZEL:

Nombre muy popular en Estados Unidos, «avellana».

HÉCTOR:

Nombre mitológico del más famoso héroe troyano, cuya etimología es incierta. Quizá esté relacionada con *kektoreon*, equivalente a «esculpir, formar, educar» o «persona formada». Hijo de Príamo y de Hécuba. Aunque el rey de troya era Príamo, Héctor dirigía las decisiones de la asamblea y las acciones guerreras. Su pueblo lo amaba y honraba calurosamente. Durante la guerra de Troya fue ayudado por Apolo y Ares, y mató a muchos enemigos, entre ellos a Patroclo, el amigo de Aquiles. El destino había determinado que Héctor moriría a manos de Aquiles. Cuando los dos héroes se enfrentaron, la lanza de Héctor cayó sin fuerza, pero Apolo lo salvó envolviéndolo en una nube. En un nuevo encuentro, Aquiles lo persiguió en torno a la ciudad y acabó matándolo.

HEDWIG:

Eduvigis, en alemán.

HEIDI:

Diminutivo anglosajón de Adelaida.

HELADIO:

Del griego *Helladios*, «de la Hélade, griego».

HELENA, ELENA:

Nombre inmortalizado por Helena de Troya, la mujer más bella del mundo y causante de una larga guerra, a cuyo nombre la etimología popular asignó por esta causa la interpretación *Elandros*, «destructora de hombres», facilitándose así también la pérdida de la h inicial. En realidad el nombre procede de *Heléne*, «antorcha», lo que la hace sinónimo de Berta, Fulgencio, Roxana y otros. Rasgos característicos: son de naturaleza apasionada, imaginativa, brillante, novelesca y coqueta. Saben mejor que nadie cómo llegar a ser grandes enamoradas.

HELGA:

Procede del antiguo adjetivo sueco *helagher*, «feliz, próspero», que derivó a «invulnerable» y posteriormente a «santo».

HELIODORO:

Nombre derivado de los vocablos griegos *helios*, «sol», y *doron*, «don, regalo». Significa «don, regalo del sol». San Heliodoro, nacido en Dalmacia, siguió a su compatriota san Jerónimo y vino a ser su discípulo y amigo tan entrañable que, por no separarse de él, abandonó su propósito de entrar en un monasterio. Fue obispo de Altino, cerca de Venecia.

HELMA:

Forma anglosajona y femenina de Guillermo.

HELSA:

Variante de Elizabeth.

HERACLIO:

Variante de Hércules.

HÉRCULES:

Nombre procedente de la mitología romana, héroe que personifica la fuerza.

HERIBERTO:

Nombre germánico: *Hari-berth*, «ejército famoso». San Heriberto fue arzobispo de Colonia, en el siglo X.

HERMANN:

Forma alemana de Germán.

HERMELANDO:

Variante de Ermelando.

HERMELINDA:

Imelda.

HERMENEGILDO:

Del germánico *Ermin-hild*, «guerrero Herminio», o *Airmanagild*, «valor del ganado». San Hermenegildo fue hijo del rey visigodo Recaredo en el siglo VI.

Variantes: Armengol, Ermengol, Ermengoldo, Ermengardo, Menendo, Melendo, Mendo, Armagilo, Ermengandio, Mengual.

HERMINIA:

Rasgos característicos: son extremadamente celosas, aunque tratan de contenerse mediante el razonamiento y la flexibilidad de espíritu; al final salen victoriosas. Apasionadas en todo, se lanzan desesperadamente hacia lo que quieren conseguir con una furia salvaje, defendiendo igualmente lo que ya han conseguido.

HERNÁN:

Nombre con la misma etimología que Fernando. Rasgos característicos: son ágiles y finos; se adaptan fácilmente a la vida y no se arriesgan a fracasar. Son muy valientes y agradables, les gusta ayudar al prójimo.

HESPERIA:

Etimología: nombre femenino inspirado en el antiguo de la península ibérica. Procede del griego *Hesperos*, «el que sigue a la estrella vespertina, el occidente» (aludiendo a la posición de la península para los griegos).

HIGINIO:

Nombre griego. De *Hygies*, «sano», que forma *Higinos*, «vigoroso». San Higinio fue papa y sucesor de san Telesforo. Su pontificado transcurrió, probablemente, entre los años 138 y 140, bajo el reinado del emperador Antonino Pío.

HILARIO:

Del latín *Hilaris*, «alegre», y éste del griego *hilaria*, «alegría». San Hilario fue obispo de Poitiers.

HILARIÓN:

Aumentativo de Hilario. La vida de san Hilarión fue escrita por san Jerónimo.

HILDA:

Nombre de la principal de las valquirias germánicas, *Hild*, «combate, guerrero», incorporada al santoral cristiano por santa Hilda, abadesa de Whitby, en Inglaterra. Rasgos característicos: su destino está colmado de dificultades y emboscadas. Los problemas le salen al paso, pero ella prosigue su camino con constancia y firmeza, sorteando los inconvenientes con aplomo admirable. Tiene confianza en el porvenir y siente fuerza para la lucha. Con el andar de los años logrará, por fin, mucho de lo que desea.

HILDEBRANDO:

Procedente del germánico *Hild*, «guerrero», y *brand*, cuyo sentido primario es «fuego», de donde se derivan significados distintos como «oscilar, blandir» y también «espada», como en el caso presente: «espada del guerrero». Nombre del que sería el papa Gregorio VII, en el siglo XI.

HILDEGARDA:

En francés: Hildegarde. En inglés: Hildegard. En alemán: Hildegard. En italiano: Ildegarda. Etimología: del germánico *Hild-gard*, «guerrero vigilante». Para la versión femenina, *Hilt-gart*, «jardín de sabiduría». En años recientes este nombre ha ganado nueva popularidad, al difundirse la historia de santa Hildegarda de Bingen y sus asombrosas curaciones realizadas básicamente con hierbas medicinales.

HIPÓLITO:

Nombre mitológico. Hipólito, hijo de Teseo, fue famoso por su infortunado destino. De *Hippos-lytos*, «el que suelta los caballos», aunque otros investigadores prefieren *Hippos-lithos*, aludiendo a que los caballos arrastraron por las piedras al héroe.

HIRAM:

Procedente del hebreo o, tal vez, del antiguo egipcio, con el significado «de gran nobleza». Este nombre se comenzó a utilizar en los países anglosajones hace unos ciento cincuenta años, llegando a ser muy popular.

HOMERO:

Etimología: del griego *Ho-me-oron*, «el que no ve», o también de *Omeros*, «rehén». Homero vivió en la Grecia del siglo VIII a. de C. y es el autor de *La Ilíada* y *La Odisea*.

HONESTO:

Derivado de *Honestus*, «honorable».

HONORATO, HONORIO:

Nombre procedente del latín, de *Honoratus*, «que recibe honores», y también de «honrado, que ha ejercido un cargo público». Rasgos característicos: son buenos trabajadores y no buscan la gloria. De carácter modesto, son muy independientes y no les gusta pedir favores a nadie. San Honorato nació en Tarragona y fue obispo de Tolosa.

HORACIO:

Del latín Horatius, nombre de una familia romana, famosa especialmente por el poeta Quinto H. Flaco. Su origen es incierto, posiblemente etrusco, aunque la etimología popular ve una alusión a Hora, la diosa de la juventud.

HORTENSIA, HORTENSIO:

Derivado del gentilicio latino *Hortensius*, «relativo al jardín». Inicialmente era un nombre masculino, aunque hoy, convertido en nombre de una flor, se usa principalmente para mujeres. Rasgos característicos: es inquieta e inteligente. Le gusta el trabajo y lo hace bien. Defiende sus afectos, pero es raro que se case. Cuando encuentra la felicidad trata de defenderla a toda costa, luchando contra todos para no dejarla escapar.

HUBERTO:

De etimología germánica: *hug*, «pensamiento», y *berth*, «brillante, famoso».

HUGH:

Forma angosajona de Hugo.

HUGO:

Nombre germánico, alusivo a uno de los cuervos del mitológico Odín, que le informan de lo que sucede en la tierra (*Hugh*, «inteligencia, juicio»). San Hugo fue nombrado obispo de Grenoble a los veintisiete años de edad. Durante toda su vida ansió dejar el obispado para dedicarse a la oración en soledad, pero ninguno de los seis papas contemporáneos suyos se lo permitieron. Rasgos característicos: tienen un carácter bastante rudo y son orgullosos por naturaleza, distantes y poco sociables. Pero son leales, sensibles y muy ardientes, se entregan en cuerpo y alma al objeto amado. Son celosos y vigilan al ser amado, actitud que los hace rápidamente insoportables. Serían más felices en el amor si se deshicieran de sus defectos.

HUMBERTO:

Nombre germánico. Compuesto de *hunn*, «oso, gigante», y *berth*, «brillante, famoso». Rasgos característicos: sus cualidades esperan la oportunidad de mostrarse. Actúa lentamente y con aparente torpeza; sin embargo, su perseverancia hace que al final suela salir victorioso.

HUMPHREY:

Nombre muy popular en Estados Unidos. Su significado no está totalmente definido, aunque al parecer tiene que ver con la paz.

HYLARY:

Femenino inglés de Hilario.

IAN:

Forma escocesa de Juan.

ICIAR:

Adaptación al castellano del nombre vasco Itziar, posible topónimo (*iz-i-ar*, «altura frente al mar»).

IDA:

Nombre muy popular en Estados Unidos. Posiblemente signifique «feliz».

IFIGENIA:

En griego, «la del fuerte mentón». Esta etimología parece, no obstante, muy popular pero poco rigurosa. Princesa griega, hija de Agamenón y Clitemnestra, cuyo sacrificio exigió Artemisa para que la flota, detenida en

Áulide, pudiese zarpar con viento favorable hacia Troya. Cuando iba a consumarse el sacrificio, la diosa puso una cierva en lugar de Ifigenia.

IGNACIO:

Nombre asimilado tradicionalmente al latín *Ignatus*, «ardiente» (derivado de *ignis*, «fuego»), aunque en realidad el nombre es anterior y fue luego adaptado al latín (probablemente sea una modificación del hispánico Ennecus). Rasgos característicos: educados, amables, inteligentes, poco imaginativos, bastante fríos y diestros; suelen triunfar en la vida.

IGOR:

Procede del germánico *Ing-warr*, nombre que alude al dios Ingvi, con el sufijo *wari*, «defensor». Muy popular en Rusia a causa de san Igor, duque de Kiev en el siglo XII.

ILDEFONSO:

Etimología: del germánico Hilds, variante de Hathus, de formación análoga a Alfonso, del cual se considera equivalente. Confundido con Adalfonso.

ILEANA:

Forma rumana de Elena.

ILONA:

Forma húngara de Elena.

IMELDA:

Del germánico Irmhild, y éste de Ermin, nombre de un semidiós de las mitologías nórdicas, que acabó designando una tribu, los Ermiones o Hermiones.

INDALECIO:

De probable origen vasco, relacionado con *inda*, «fuerza». San Indalecio fue obispo de Almería en los primeros tiempos del cristianismo.

INÉS:

Nombre popularísimo en todos los lugares y épocas. Del griego *Agne*, «pura, inocente», incorrectamente aproximado al latino *Agnus*, «cordero» —de Dios— razón por la que este animal se convirtió en símbolo de la santa. Rasgos característicos: son sinceras, sencillas, tiernas, un poco replegadas en sí mismas, de costumbres puras y de carácter uniforme. Tienen una voluntad firme, rígida y se imponen una disciplina severa; les horroriza lo imprevisto, aunque tienen un sentido práctico real. Son sonrientes, amables y tienen una abnegación silenciosa. Se las acusa de obrar con la cabeza sin escuchar el corazón. Para ellas el deber está sobre todas las cosas, y lo atienden en forma fría e impersonal, sin atender a la piedad o a otros sentimientos dignos de ser tenidos en cuenta.

INGA, INGE:

Nombre sueco, derivado de la voz Ingvi, alusiva a la tribu de los inguiones. En realidad es usado como abreviación de varios nombres con este componente (Ingrid, Ingeburga, Ingeborg, Ingemaro).

INGRID:

Misma etimología que para Inge. Rasgos característicos: es firme y constante y realiza lo que se propone a pesar de todas las dificultades. Goza de un admirable equilibrio emocional y tiende al logro y defensa de la justicia en todos los aspectos de la vida. Es fecunda en el campo físico e intelectual y siente la necesidad imperiosa de crear.

INMACULADA:

Nombre místico mariano, alusivo a la Inmaculada Concepción, proclamada dogma de fe por el papa Pío IX. Del latín *In-macula*, «sin mácula, sin mancha».

INOCENCIO:

Significa «inocente». El papa san Inocencio uniformó la legislación canónica y litúrgica. Puso fin al cisma de Antioquía y apoyó a san Juan Crisóstomo. En su tiempo, Roma fue saqueada por Alarico.

IÑAKI:

Ignacio.

ÍÑIGO:

Resultado de la evolución del antiquísimo nombre vasco Eneko, de origen incierto: se ha propuesto el topónimo *en-ko*, «lugar en la pendiente de una extremidad montañosa».

IO, IOLA:

Sinónimos de Violeta.

IRENE, IRENEO:

Nombre de origen griego: *Eirene*, «paz», que ha mantenido su vigencia durante miles de años: san Ireneo fue discípulo de los apóstoles, mientras que santa Irene vivió en el siglo III. Rasgos característicos: aunque tiene condiciones para ser buena madre y mejor guía espiritual de sus seres queridos, esta cualidad se malogra por su carácter intransigente y su conversación muchas veces cortante y otras ausente y lejana, como si no tuviera interés en lo que se trata. Pero se interesa por todo, aunque no lo demuestra y encuentra siempre un pretexto para mantenerse pasiva y sin actuar.

IRIS:

Del griego *Eiro*, «anunciar». Iris era la mensajera de los dioses. En la religión cristiana, nombre femenino derivado de la Virgen del Arco Iris.

IRMA:

Es una variante de Erminia. Rasgos característicos: vive con los pies bien asentados en la tierra pero tiene fantasías en el corazón. Termina por sucumbir a sus falsas ilusiones y entonces corre el riesgo de perder su estabilidad y cegarse ante los hechos que la rodean. En esos casos se golpea contra todo y contra todos perdiendo su anterior equilibrio emocional frente a las cosas. Para evitar esto, le conviene mantener siempre la serenidad.

IRWIN:

Del antiguo galés, «amigo de los osos». Nombre muy popular en Estados Unidos.

IRWING:

Significa «amigo del Mar». Es el nombre de un lugar en Escocia.

ISAAC:

Nombre propio hebreo, abreviatura de *Yishaq-el*. Significa «(Dios) reirá», en relación con las palabras pronunciadas por su madre: «Dios me ha hecho reír; todo el que lo oiga se reirá». Nombre del segundo patriarca, hijo de Abraham y de Sara. San Pablo lo llamó «Hijo de la Promesa». San Isaac fue un monje de Constantinopla que vivió en el siglo IV y asistió al concilio celebrado en dicha ciudad. Otro santo del mismo nombre nació en Córdoba, donde fue escribano público en el siglo IX.

ISABEL:

Nombre de origen babilónico adaptado posteriormente por los judíos. Su significado más probable es «Baal da la salud». Ha habido varias santas con este nombre y también numerosas reinas. Una de las santas fue hija de Pedro III, rey de Aragón y conde de Barcelona, y nieta del rey Jaime I el Conquistador. A los doce años fue dada en matrimonio a Dionisio, rey de Portugal. Con el monarca lusitano tuvo dos hijos, Constanza, futura reina de Castilla, y Alfonso, que sucedió a su padre en el trono de Portugal. Las infidelidades del esposo torturaron la vida de la santa reina, a pesar de lo cual educó con afecto a los hijos bastardos de Dionisio y ejerció su misión pacificadora entre su marido y su hijo Alfonso, entre el rey y el hermano de Dionisio y, finalmente, entre el monarca portugués y el rey de Castilla. Por este motivo, a la reina se la distinguió con el epíteto de «Ángel de la Paz». Otra, casi contemporánea suya, fue santa Isabel de Francia (1224-1270), hermana de san Luis, fundadora de la abadía de Longchamp, cerca de París. Rasgos característicos: muy inteligentes, se adaptan a todo tipo de situaciones. Tienen una voluntad flexible, un corazón muy cálido, muy vibrante y pasan muy fácilmente de la risa al llanto. En el amor, son muy afectuosas, cariñosas y buenas esposas.

ISACIO:

Posible derivación del griego *isaios*, «igualdad». San Isacio, célebre obispo de Chipre, muere mártir después de haber regido ejemplarmente su diócesis, dejando un recuerdo que ha perdurado a lo largo de los siglos.

ISIDORO:

Nombre procedente del griego, derivado de *doron* «don o regalo», y del nombre de la diosa Isis, significando así «don de Isis». San Isidoro nació en Sevilla, de noble familia originaria de Cartagena. Heredó de su hermano Leandro el arzobispado de Sevilla, que dirigió durante cuarenta años. Muy leído durante la Edad Media, principalmente su obra *Las Etimologías*, fue un compilador y hábil sistematizador de la ciencia antigua. Dejó también numerosos textos referentes a la formación de los clérigos. Rasgos característicos de quienes llevan este nombre: leales, honrados y eruditos, se dirigen hacia la ciencia. No son muy desenvueltos, no cambian con frecuencia de empleo y pronto se conforman con su suerte. Son buenos maridos.

ISIDRO:

Derivado de Isidoro. San Isidro es el famoso patrono de Madrid, donde nació en el año 1082. Labrador de profesión, se casó con María Toribia (que fue canonizada con el nombre de santa Toribia o santa María de la Cabeza). La tradición le atribuye numerosos milagros. Murió en el año 1170 y es patrono de todos los hombres del campo español.

ISIS:

Diosa suprema en el antiguo Egipto.

ISMAEL:

Nombre propio hebreo; deriva de *yisma*, «escuchar», y el elemento divino *El*, «Dios». Significa «Dios ha escuchado». Nombre del hijo de Abraham y Agar (la esclava egipcia de Sara), y origen del pueblo de los ismaelitas. Los doce hijos de Ismael fueron los fundadores de las doce tribus árabes. Su historia se narra en el capítulo XVI y siguientes del Génesis.

ISOLDA:

De significado dudoso. Nombre popularizado por la obra *Tristán e Isolda*.

ISRAEL:

Etimología: del hebreo, «fuerte contra Dios». Personaje célebre: Israel, nombre dado a Jacob después de su lucha contra el ángel.

ITZAL:

Forma vascuence de Amparo.

IVÁN:

Forma rusa y búlgara de Juan.

IVETTE:

Derivado femenino de Ivo.

IVO:

Tradicional nombre germánico.

IVONA:

Forma femenina de Ivo.

IVONE, YVONNE:

Femenino de Ivo.

IVY:

Nombre muy popular en Estados Unidos. Forma diminutiva y femenina de Ivo.

JACINTO:

Nombre mitológico griego, procedente de *anthos*, «flor». Era el nombre de un efebo amado por Apolo y transformado, al morir desgraciadamente, en la flor de su nombre (*Ai-anthos*, «flor del ¡ay!»). San Jacinto fundó dos conventos y poseyó el don de hacer milagros. Predicó con gran fuerza la unidad de todos los cristianos en torno al sucesor de Pedro y la devoción a María. Ejerció su labor evangelizadora en Prusia, Dinamarca, Austria, Polonia, Noruega y Suecia. Penetró hasta Ucrania, fundó un monasterio en Kiev y consiguió llevar su actividad misionera hasta China. Murió el 15 de agosto del año 1257.

JACK:

Forma anglosajona de Juan.

JACKSON:

Significa «hijo de Juan».

JACOB:

Del hebreo *Yah-agob*. El primer componente, presente en multitud de nombres bíblicos, es «Dios», pero el segundo da lugar a controversias. Quizá sea *Ageb*, «talón», lo que alude al nacimiento del patriarca, que tenía asido por el calcañar a su hermano gemelo Esaú. De ahí *Yahaqob*, «el suplantador», o sea, el «sub-plantador», pues andando los años usurparía a aquél los derechos de primogenitura. El nombre conoció gran auge en la Edad Media, muestra de lo cual son sus derivados: Jacobo, Yago, Santiago (por SantYago) y Jaime.

JACQUES:

Forma francesa de Jaime.

JAIME, SANTIAGO:

Puede decirse que Jaime es una variante moderna de Jacobo, forma grecolatina del nombre hebreo *Yeagob* o *Yah-agob*. Su significado es «(Dios) recompensará». Yago (Santiago) era hijo de Zebedeo y de Salomé, y hermano mayor de Juan Evangelista. Con éste y con san Pedro forma la tríada de los apóstoles más íntimamente relacionados con Jesús. Santiago es el patrón de los sombrereros, de los molineros, de los peregrinos, de los farmacéuticos, de España, de Guatemala y de Nicaragua. Se le invoca contra el reumatismo. Rasgos característicos: poseen una gran memoria, son inteligentes, de espíritu positivo y poco fantástico. Buenos habladores, de buena apariencia, llegan con facilidad al rango de las elites. Son afectuosos, ardientes, poseen mucho encanto físico. Se encuentran entre las personas más fieles que puedan existir y están muy apegados a su hogar.

JAMAL:

Nombre árabe muy común. Su significado es «hermoso».

JAMES:

Forma inglesa de Jaime.

JAMILA:

Procedente del árabe, «adorable».

JAN:

Versión holandesa de Juan.

JASÓN:

Figura mitológica de la antigua Grecia. Ya adulto, Jasón regresó a Iolcos para reclamar el trono que le había sido arrebatado al nacer por Pelías. En el camino, al atravesar un río perdió una de sus sandalias. Un oráculo había prevenido a Pelías contra todo hombre calzado con una sola sandalia. Al ver a Jasón, Pelías, recordando las palabras del oráculo, resolvió librarse de él. Cuando el héroe reclamó el poder, Pelías lo envió en busca del vellocino de oro, consagrado por Aetes a Marte y guardado por un dragón. Fue así como el héroe partió hacia Cólquida, reino de Aetes o Eetes. Con los argonautas reclutados por un heraldo enviado por toda Grecia, Jasón llegó a la corte de Aetes. Tratando de evitar que el héroe obtuviese el vellocino de oro, Aetes le impuso una serie de tareas peligrosas: uncir dos toros de cascos de bronce que expelían fuego por las narices y no habían conocido el yugo jamás y arar un campo con ellos y sembrarlo con dientes de dragón. Con la ayuda de un bálsamo que le dio Medea, Jasón consiguió colocar el yugo a los toros. Los unció a un arado y preparó el campo, donde sembró los dientes. De allí brotaron hombres armados. Por consejo de Medea, hija de Aetes, Jasón se puso a arrojar piedras entre los hombres. Abalanzándose unos sobre otros, en busca de las piedras, éstos se pusieron a luchar entre sí. Aprovechándose de la confusión, Jasón los mató. Siempre ayudado por Medea, consiguió apoderarse del vellocino y huir. Para retrasar a Aetes, que los perseguía, Medea mató a Absirto, su propio hermano. Zeus, irritado por este crimen, envió una tempestad que desvió el navío *Argo* de su ruta. Para librarse del flagelo, los argonautas se dirigieron a la isla de Ea, donde Jasón y Medea fueron purificados por Circe. Después de muchas aventuras, llegaron a Iolcos. Por haber provocado la muerte de Pelías, Jasón y Medea fueron exiliados a Corinto. Allí, el héroe se enamoró de Creusa, repudiando a Medea. Ésta se vengó matando a Creusa. Luego, para que Jasón no hallase consuelo en parte alguna, mató a los hijos nacidos de su unión con él. Desesperado, Jasón se suicidó. Según otra versión, murió aplastado por la popa del navío *Argo*, a cuya sombra descansaba.

JASPER:

Forma inglesa de Gaspar.

JAVIER:

Procedente del vasco *Etxe-berri*, «casa nueva», aludiendo al lugar de nacimiento y propiedad de la familia de Francisco de Azpilicueta, que llegaría a ser el famoso jesuita apóstol de las Indias san Francisco Javier. Tras estudiar en París, donde coincidió con san Ignacio de Loyola, fue ordenado sacerdote y, en Roma, ayudó a la redacción de las constituciones de la compañía de Jesús. En el año 1541, como enviado del rey de Portugal y legado pontificio, salió de Lisboa hacia las Indias orientales. Siguieron diez años de intensísima actividad misional por la India, Malaca, las Molucas y otras islas del Pacífico, y por Japón. El centro de esta actividad era Goa, residencia de Francisco Javier como primer provincial jesuita de la India. En el curso de su predicación, el santo misionero bautizó a unos treinta mil paganos. Murió en la isla de Sancián, a los cuarenta y seis años de edad, el 3 de diciembre de 1552, cuando se disponía a evangelizar China. Su cuerpo fue llevado a Goa, donde es venerado en la actualidad.

JAY:

Nombre muy popular en Estados Unidos tanto para hombre como para mujer.

JEFFERSON:

Significa «hijo de Jeffrey».

JEFFREY:

Su significado es «pacificador», «amante de la paz». Nombre muy popular en Estados Unidos.

JENNIFER:

Uno de los derivados de Genoveva. Nombre muy popular en Estados Unidos.

JENS:

Forma danesa de Juan.

JEREMÍAS:

Nombre propio hebreo. Deriva de *Jeram* o *Jerem-iah*, con el significado de «Dios te elevará». Jeremías, el segundo de los grandes profetas del Antiguo Testamento, nació en Anatot, cerca de Jerusalén, hacia el año 645 a. de C. Profetizó la caída de Jerusalén, la cautividad de Babilonia y la venida del Mesías. La Iglesia lo conmemora como santo y mártir.

JERÓNIMO:

Del griego *Hieronimus*, «nombre santo», retomado por el cristianismo y popularizado por san Jerónimo, redactor de la célebre Vulgata, la traducción de la Biblia al latín todavía hoy vigente. Rasgos característicos de los Jerónimos: de naturaleza ardiente y llena de seguridad. Están bien dotados, pero son orgullosos. En el amor son tiernos e independientes, es su orgullo el que les hace obrar así.

JERY:

Diminutivo inglés de Gerardo.

JESSICA:

Etimología: diminutivo femenino de Jessé, «Dios es». Jessé era el padre de David. Rasgos característicos: activa y trabajadora. Es una mujer sólida con la que se puede contar, aunque tal vez un poco demasiado seria.

JESÚS:

Poco usado en los primeros tiempos del cristianismo, por considerarse irreverente, es hoy uno de los nombres más populares en España e Iberoamérica, aunque sigue siendo muy poco común en otros lugares. Es una derivación de Yehoshúah (del cual derivaron Joshua y Josué), cuyo significado sería «Jahvé salva».

JILL:

Forma anglosajona de Juliana. Nombre muy popular en Estados Unidos.

JO:

Diminutivo anglosajón de Juana.

JOAN:

Forma anglosajona de Juana.

JOAQUÍN:

San Joaquín era el padre de la Virgen María. El nombre procede del hebreo *Yohoyaqim*, «Jahvé construirá». Rasgos característicos: son leales, inteligentes y no temen nada. En el amor prefieren no amar ni ser amados más que una vez.

JOB:

Del hebreo, «afligido». Importante figura del Antiguo Testamento que soportó estoicamente las mayores desgracias sin perder nunca la fe.

JOE:

Forma inglesa y abreviada de Juan.

JOEL:

Procede del hebreo *Yo'el*, «Dios es Dios» (las mismas partículas, en orden inverso, dan Elías).

JOHANN:

Forma alemana de Juan.

JOHN, JACK:

Formas inglesas de Juan.

JONÁS:

Nombre propio hebreo, compuesto por el sustantivo *Yohnah*, cuyo significado es «paloma». Fue el quinto de los doce profetas menores, natural de Gat, al norte de

Nazaret, de la tribu de Zabulón, y autor del libro que lleva su nombre.

JONATAN:

Procede del hebreo *Jo-nathan*, «don de Dios». Coincidente con Doroteo.

JORDÁN:

Nombre hebreo por excelencia relativo al río del mismo nombre, que significa «descenso, bajada». Bastante popular en Estados Unidos.

JORGE:

Del griego Georgos (*Geo-ergon*), es decir, «que trabaja la tierra, agricultor». San Jorge, honrado con el título de «gran mártir», es uno de los santos de quienes nada se sabe. La leyenda del dragón que iba a devorar a una doncella y es muerto por san Jorge es muy posterior a la época en que él vivió, pues procede de los siglos XII-XIII. Es el patrón de Inglaterra, Cataluña, Sicilia, Georgia, Portugal y Lituania. Rasgos característicos: de espíritu escéptico, cáustico y un físico agradable. Son minuciosos, ordenados e inteligentes. Difíciles de satisfacer. Están llamados a desempeñar papeles brillantes y pueden acceder a los puestos más elevados. Muy entregados a las personas que aman; al tener un encanto romántico, hacen conquistas rápidamente.

JOSAFAT:

Nombre propio hebreo, Yehosafa, compuesto por Yahveh apocopado y la raíz verbal *safat*, «juzgar». Su significado es «Dios ha juzgado, Dios juzga». Nombre de varios personajes del Antiguo Testamento, entre los que destaca el cuarto rey de Judá.

JOSÉ:

Yosef es un nombre propio hebreo cuyo significado es «multiplicar, añadir». Su significado es «multiplique (Dios)», o «añada (Dios)». Es el nombre del hijo mayor de Jacob y Raquel, cuya historia se narra en el Génesis. Durante mucho tiempo ha sido el nombre más frecuente en España. Son muchos los santos y personajes famosos que lo han llevado. Entre los primeros destaca san José, esposo de la Virgen y padre putativo de Jesús. También san José de Calasanz, fundador de las escuelas pías. Rasgos característicos: son tranquilos y reflexivos, sin pretensiones, aunque dotados de cierto amor propio que los empuja a querer obrar bien. Excelentes organizadores, les gusta el trabajo seguido y ordenado. Generalmente consiguen sus propósitos sin gran esfuerzo. Tienen un carácter reflexivo y ordenado.

JOSEFINA:

Femenino de José. Rasgos característicos: su aire es bondadoso. Parece ingenua y crédula. Su agudeza no se desprende de sus movimientos, palabras o rasgos exteriores, sino de una cierta chispa de picardía en los ojos y la sonrisa. Tras ese aire de candidez, se esconde el aspecto burlón e inquisitivo de su personalidad. Jamás se desanima y, aunque esté viviendo un conflicto, sigue tranquila.

JOVITA:

Etimología: gentilicio de Jovis, genitivo de Júpiter.

JOY:

Significa «alegría». Nombre muy popular en Estados Unidos.

JUAN:

Es uno de los nombres más populares en todos los lugares y épocas. Deriva del hebreo *Yohannan*, «Dios es propicio», «Dios se ha compadecido». También es el que más número de santos han llevado, entre ellos: san Juan Evangelista, hermano de Santiago el Mayor y discípulo preferido, patrón de los impresores, libreros, editores y escritores; san Juan Marcos, discípulo de los apóstoles; san Juan Crisóstomo, patriarca de Constantinopla; san Juan Damasceno; san Juan Gualbert, caballero florentino del siglo XI; san Juan de Matha (1160-1213), fundador de la orden de los Trinitarios; san Juan Nepomuceno, canónigo de Praga en el siglo XIV; san Juan de Dios, fundador de la orden de los Hermanos Hospitalarios para el cuidado de los enfermos; san Juan de la Cruz (1542-1591), uno de los mayores místicos cristianos; san Juan Budes, fundador de la Congregación de los padres de los Sagrados Corazones de Jesús y de María y de la orden de Nuestra

Señora de la Caridad, y san Juan Bosco (1815-1888), fundador de la orden de la Juventud, patrón de los prestidigitadores. Además, veintitrés papas han llevado el nombre de Juan, al igual que numerosos soberanos en todos los países. Rasgos característicos: tienen mucho dominio de sí y son capaces de tomar una decisión inmediatamente. Son caballerosos, de naturaleza apasionada y calurosa; en general son simpáticos. Son realizadores de primer orden y de espíritu inventivo, prefieren la soledad. Les gusta la intimidad del hogar y la entrega familiar; saben hacerse querer, pues aman con el corazón. Tienen una gran facilidad de adaptación, son sensibles y se dejan impresionar fácilmente.

JUAN BAUTISTA:

Fue el precursor de Jesús y, en su momento, un personaje considerado de talla y prestigio igual o superior a la de Jesús. Es el patrón de los canadienses franceses, de los cuchilleros, de los afiladores, de los cinceladores y de los toneleros. Rasgos característicos: inventivos y originales; si no se sienten comprendidos por todos y si la muchedumbre no los sigue y no los aprueba, apenas se preocupan, pues prefieren la soledad a la sociedad.

JUANA:

Femenino de Juan. Rasgos característicos: tiene mucho carácter, que a veces llega a hacerse agresivo. Cuando se traza una meta no vacila hasta lograrla. Y llega a ser despiadada a pesar de que trate de aparentar devoción y caridad. Cree en el triunfo de la fuerza y la perseverancia.

No retrocede jamás ante una misión que se le encomienda, aunque le salgan al paso los peligros más imprevistos. Sabe hacer felices a quienes se rinden a su dominio porque siente placer en guiar a los demás. Tiene sentimientos, pero los cubre con una coraza. Sigue siempre adelante y no le gusta retomar lo que deja atrás.

JUDAS:

Etimología: del hebreo, «alabanza, honrado». Santo: san Judas, uno de los doce apóstoles, mártir en el siglo I, hermano de Santiago el Menor, evangelizador de Mesopotamia.

JUDIT, JUDITH:

Nombre de la más famosa heroína judía, ejecutora de Holofernes, el general enemigo que tenía sitiada la ciudad. Es el personaje central del libro de su nombre, considerado canónico por la Iglesia católica y apócrifo entre judíos y protestantes. Rasgos característicos: su vida es un continuo choque de sentimientos, ya que despierta tanto enemistades como ardientes pasiones. Se complace en crear conflictos por sentir la fuerza de su personalidad. Llega a destruir por el simple placer de destruir. Los demás se le acercan atraídos por su extraña forma de ser y luego se alejan heridos por su cruel y despiadado trato. Ella misma es víctima, muchas veces, de su extraño y hostil temperamento.

JULIA:

Femenino de Julio. Rasgos característicos: su vida es serena y desprovista de conflictos o grandes hazañas, pero le aguarda una misión hermosa: ser compañera inseparable del hombre que elija de corazón. Su amor no será violento ni sumamente apasionado, pero la constancia y dulzura de sus sentimientos le harán lograr la felicidad a que toda mujer aspira. Es fuerte frente al dolor. Sabe reprimir la tristeza y se hace querer sinceramente.

JULIAN, JULIANO:

Nombre latino. De *Iulianus*, «relativo a la familia de Julio». San Julián fue un prelado español nacido en el año 1128 y muerto en 1208. Fue nombrado obispo de Cuenca, una vez reconquistada aquella ciudad por Alfonso VIII en 1177. Se distinguió por su caridad para con los pobres. Es el patrón de los viajeros, de los barqueros, de los techadores y de los trovadores.

JULIANA:

Femenino de Julián.

JULIETA:

Femenino de Julio.

JULIO:

Nombre popularísimo en Roma, relativo a Julus, legendario hijo de Eneas, del cual se consideraba descendiente la familia romana Julia. Difundido por Julio

César, fue adoptado por numerosos papas. Rasgos característicos: tienen un espíritu práctico, positivo y saben muy bien salir del paso. Ágiles, complacientes, desenvueltos, amables, abnegados generalmente, pueden hacer grandes favores a su prójimo. Tienen un sentimentalismo muy ardiente y un temperamento muy afectuoso y son sinceros en sus declaraciones más exaltadas. A veces llevan un poco lejos su deseo de originalidad y sus aventuras amorosas están frecuentemente llenas de decepción. En ocasiones incluso se ven impulsados a la melancolía.

JUNÍPERO:

El nombre de Ginebro, discípulo de san Francisco de Asís, fue latinizado en Juniperus, por la homofonía con *ginebro*, «enebro».

JUNO:

Del latín. Juno era la diosa «reina del cielo».

JUSSI:

Forma finlandesa de Juan.

JUSTINIANO:

Derivado de Justo. San Justiniano, filósofo pagano convertido, doctor de la Iglesia y mártir en el siglo II, es el patrón de los filósofos.

JUSTINO:

Del latín Justinus, gentilicio de Justo. Significa «conforme al derecho».

JUSTO:

Del latín *Iustus*, «hombre íntegro».

JUTTA:

Nombre germánico, su significado es «guerrera».

JUVENAL:

Nombre latino, procede de *Juvenalis*, «juvenil». San Juvenal fue diácono del papa san Alejandro a comienzos del siglo II, muriendo mártir en Roma durante el imperio de Adriano.

JUVENCIO:

Procedente del latín, «joven».

KAJETÁN:
Cayetano en alemán.

KALILA:
Del árabe, «amada».

KANE:
Del galés, «hermoso».

KAREN:
Forma danesa de Catalina.

KARIN:
Forma sueca de Catalina.

KARINA:

Rasgos característicos: de voluntad firme, rígida, directa, sin arrebatos; tienen una personalidad desbordante y dan la impresión de tener una gran confianza en sí, pero desgraciadamente esto no es a menudo más que en apariencia. Como tienen una inteligencia despierta, se adaptan a todo y son excelentes en todo lo que se mueve o cambia. Su moralidad es variable.

KATE:

Diminutivo anglosajón de Catalina.

KATHARINE:

Catalina en inglés.

KATHY:

Diminutivo anglosajón de Catalina.

KAY:

Diminutivo anglosajón de Catalina.

KAYLA:

Variante anglosajona de Catalina.

KEITH:

Del antiguo galés, «bosque». Nombre muy popular en Estados Unidos.

KELLY:

Nombre femenino irlandés muy popular en Estados Unidos. Significa «batalla».

KENNETH:

Antiguo nombre escocés que comenzó a difundirse hace unos cien años. Significa «hermoso», «brillante».

KENT:

Nombre de un condado inglés que comenzó a ser usado como nombre propio en Estados Unidos hacia 1930, llegando a ser muy popular.

KERRY:

Muy popular en Estados Unidos, es el nombre de un lugar en el sur de Irlanda.

KEVIN:

Sinónimo de Kenneth. Nombre muy popular en Estados Unidos.

KHALID:

Nombre árabe, que significa «eterno», «sin final».

KIM:

Diminutivo de Kimberley.

KIMBERLEY:

Nombre muy popular en Estados Unidos, que significa «prado».

KIRA, KYRA:

Del griego, «señora».

KITTY:

Diminutivo anglosajón de Catalina.

KNUT:

Es uno de los más populares nombres nórdicos. Significa «nudo», «resistente», «duro».

KOLDO:

Luis, en vasco.

KURT:

Forma nórdica de Conrado.

LADISLAO:

Nombre eslavo derivado de *Vladislava*, «señor glorioso». Es un nombre muy común en Hungría. San Ladislao fue proclamado rey a la muerte de su hermano Geza I, conquistó la Croacia septentrional y derrotó al príncipe Kutesk. Fue uno de los fundadores del joven reino húngaro. Durante su reinado, se publicaron disposiciones legislativas que constituyen una primera tentativa de código penal. Fundó diversos monasterios.

LAMBERTO:

Nombre germánico: *Landberth*, «país ilustre».

LANDELINO:

Etimología: del germánico *land*, «tierra, patria», latinizado con el gentilicio *inus*: «del país, que ama al país».

LANZAROTE:

Asimilado a Ladislao, aunque posiblemente sea una adaptación del Lancelot francés, popularizado por el amante de la reina Ginebra en las leyendas de la Tabla Redonda.

LASZLO:

Ladislao en húngaro.

LAURA, LAURO:

Del latín *Laurus*, «laurel», y, por extensión, «victorioso», aludiendo especialmente a Apolo, cuyos templos se adornaban con esta planta. Rasgos característicos: por detenerse en los detalles, pierde la noción del conjunto. Esto le resulta perjudicial para hacerse un punto de vista certero de las cosas. Vive lo presente, lo inmediato, lo de cada día, tratando de embellecerlo y darle color. No se preocupa por el mañana ni se proyecta hacia el porvenir por lo que, a veces, se encuentra con engaños y desilusiones. Tiene buena voluntad hacia los demás, pero éstos no siempre lo ven así, ni la recompensan en igual forma.

LAUREANO:

Nombre latino, derivado del adjetivo *laureanus*, «coronado de laurel, victorioso».

LAURENCIO:

Procede del latín *Laurentius*, gentilicio de Laurentum, ciudad del Lacio así denominada, según Virgilio, por un famoso laurel (*laurus*). Por extensión pasó a significar «coronado de laurel», es decir, «victorioso».

LAVINIA:

Etimología: del griego *Laphas*, «piedra». Nombre mitológico creado por Virgilio en *La Eneida* para la hija del rey Latino, esposa de Enéas, para justificar el origen de la ciudad de Lavinium.

LÁZARO:

Abreviatura grecolatina del nombre propio hebreo Eleazar, compuesto por *El*, «Dios», y la raíz *azar*, «ayudar, socorrer». Su significado es «Dios ayuda». Lázaro era hermano de Marta y de María y amigo de Jesús, quien se alojaba en su casa cuando iba a Jerusalén. Según el Evangelio de san Juan, fue resucitado por Jesús al cuarto día de estar muerto. Una leyenda medieval supone que llegó con sus hermanos a Provenza en una barca sin remos y sin velas predicando luego el evangelio en dicha ciudad. Rasgos característicos: están seguros de sí mismos, son rectos, bien equilibrados y uno puede fiarse de ellos. Sienten una especie de reconocimiento hacia las personas que los aman y se sienten especialmente felices de su entorno.

LEA:

Sinónimo de Lavinia.

LEANDRO:

Procedente del griego *Liandros*, «león-hombre», aunque para otros es una deformación de Alejandro. San Leandro nació en Cartagena, trasladándose luego con su familia a Sevilla, ciudad de la que fue obispo. Era el mayor de cuatro hermanos, todos ellos santos: san Isidoro, san Fulgencio y santa Florentina.

LEE:

Nombre muy popular en Estados Unidos, que significa «prado, pradera». Es tanto un nombre masculino como femenino.

LENA:

Diminutivo de Elena.

LEO:

Abreviación de León, Leocadio, Leoncio, Leónidas y varios nombre más.

LEOCADIA:

Se cree procedente del griego *Leukadia*, «natural de Leucade» (nombre que significa «rocas blancas»), y al mismo tiempo ha sido asimilado a Lutgarda. Santa Leocadia es la patrona de Toledo.

LEÓN:

Nombre típicamente masculino procedente del griego, alusivo a la bravura del animal. Rasgos característicos: son personas cerebrales que no se dejan llevar fácilmente, sometidas a arrebatos sin gravedad y de corta duración. Están dotados de grandes facultades asimiladoras; son valientes y no retroceden ante las dificultades o los peligros. Poseen temperamento para los negocios y les gusta el arte. Tienen sentido práctico, les gusta el orden y la economía. Sin embargo, carecen de prudencia y están sometidos a la cólera. En el amor son poco dados a las caricias amorosas; en cambio, sus cualidades de espíritu hacen de ellos maridos dignos y nobles.

LEONARDO:

Adaptación germánica del nombre clásico León, con el sufijo *hard*, «fuerte». Hay cinco santos de este nombre, aunque el personaje más famoso que lo ha llevado sin duda es Leonardo da Vinci.

LEONCIO:

Nombre griego derivado del adjetivo *leonteios*, «semejante a un león». Varios santos y mártires de los primeros siglos llevaron este nombre.

LEÓNIDAS:

Nombre griego, derivado de león y *eides*, «forma», significando así «como un león». Leónidas, héroe de la batalla de las Termópilas, fue rey de Esparta en el siglo V a. de C.

LEONOR:

Se considera una variante de Eleonor. Aunque para otros procedería del árabe, con el significado de «Dios

es mi luz». Nombre muy común durante toda la Edad
Media y el Renacimiento. Rasgos característicos: es
apasionada aunque prudente. No le importa avanzar
por caminos peligrosos. Su vida es azarosa porque no le
asustan los obstáculos, y cuando se propone un fin,
sigue adelante a pesar de todas las dificultades. Esto
hace que en su vida abunden los episodios pintorescos
y dramáticos. Le suceden las cosas menos imaginables
pues es su propio temperamento el que va creando su
destino.

LEOPOLDO:

Etimología: de raíz latina germanizada; significado:
«león temerario». San Leopoldo gobernó Austria en el
siglo XI y fue el fundador de Viena. Tuvo dieciocho
hijos. Rasgos característicos de quienes llevan este
nombre: poseen una inteligencia amplia y bien ordenada y triunfan con facilidad en la vida. Tienen una gran
voluntad y son bastante sensibles. Su amistad y amor
son sinceros y fieles.

LEOVIGILDO:

Nombre germánico. Procede de *Leuba-hild*, «guerrero
amado». San Leovigildo vivió en el siglo IX. Nació en la
ciudad granadina de Ilíberis, desde donde viajó a
Córdoba para profesar como religioso en el monasterio
de los Santos Justo y Pastor.

LESLIE:

Nombre muy popular en Estados Unidos, procedente del irlandés antiguo. Al parecer significaría «castillo», «fortaleza».

LESMES:

Variante de Adelelmo. Nombre germánico, procede de *Athal-helm*, «yelmo noble», «noble protector». San Adelelmo es el patrón de Burgos.

LESTER:

Gentilicio de Leicester, ciudad inglesa.

LETICIA:

Del latín *Laetitia*, «alegría». Comenzó a difundirse a partir de Napoleón Bonaparte, pues éste era el nombre de su madre y de su hermana. Rasgos característicos: su vida es propensa a la aventura, porque las cosas imposibles y los acontecimientos misteriosos tienen una gran influencia sobre su ánimo, atrayendo su atención hacia esos hechos. Desea intervenir en todo lo extraño y luego siente una inquietud que la hace callar y no comentar sus planes con nadie. Tiene una paciencia admirable, que le permite sobrellevar las dificultades, y los dolores físicos y morales, con gran resignación. También ante el triunfo se muestra serena, sin envanecerse por los éxitos logrados.

LEVI:

Del hebreo, «apegado, cercano». Levi fue uno de los hijos de Jacob, cuyos descendientes (los levitas) fueron los sacerdotes de Israel.

LEWIS:

Forma inglesa de Luis.

LIAM:

Diminutivo de William, forma anglosajona de Guillermo.

LIBORIO:

Nombre romano, derivado del verbo latino *libo*, «ofrendar». Significa «consagrado a los dioses».

LICERIO:

Del griego *Lykérios*, derivado de *lykos*, «luz».

LICIA:

Por analogía con Lidia, algunos creen que es un gentilicio de la comarca de Licia, en Asia, pero quizá tenga que ver con los sobrenombres de Diana y de Apolo, ambos originados en *lyke*, «luz», o con *lykos*, «lobo», símbolo de la luz del sol.

LICINIO:

Procede del griego *lyke*, «luz», aunque para otros es un gentilicio de Licia, región de Asia.

LIDIA:

Procedente del griego, habitante de Lidia. Rasgos característicos: muy novelescas, muy buenas y serviciales, imaginativas y muy sentimentales; se las considera gastadoras. Son leales, sinceras y charlatanas.

LIDUVINA:

Nombre germánico. Deformación de *Leud-win*, «pueblo victorioso», o también «amigo del pueblo».

LILIA, LILI, LILY:

Etimología: del latín *Lilium*, «lirio», símbolo de pureza, aunque luego se ha relacionado también con Lily y Lilla, diminutivos de Elizabeth.

LILIANA:

Variante de Elisabeth. Rasgos característicos: es encantadora y serena. Tiene la belleza de la primavera y todo en ella es tenue y leve. Aborrece la violencia.

LINA:

Diminutivo de Adela (Adelina). Rasgos característicos: a veces es lunática. Gran soñadora que luego no sabe qué hacer con la realidad. Vive con la cabeza excesivamente en las nubes.

LINDA:

Derivado del germánico *Lind*, «dulce, suave, flexible», aunque para otros es un diminutivo de Gerlinda.

LINO:

Del griego *Linos*, originado en la planta *linon*, «lino», de la cual estaba hecho el hilo de la vida que cortaba la parca Atropos. Para otros procede del latín *Linio*, «ungir».

LINUS:

Forma alemana de Lino.

LISA:

Nombre muy popular en Estados Unidos. Diminutivo de Elizabeth.

LLEIR:

Forma catalana de Licerio.

LLORENÇ:

Forma catalana de Lorenzo.

LLORENTE:

Variante de Florente, y éste de Florencio.

LOLA, LOLITA, LOLES, LOLI:

Diminutivos de Dolores.

LOPE:

Nombre muy común durante toda la Edad Media y el Renacimiento, hoy totalmente abandonado. Procede de la palabra lobo (*lupus*), animal que desempeñó un importante papel en la cultura clásica, desde la fundación de Roma, donde aparecen Rómulo y Remo amamanta-dos por una loba, a las Lupercalia, extrañas fiestas orgiásticas que marcaban el final del invierno.

LORENA:

Advocación mariana francesa, alusiva a la Virgen de la comarca de Lorraine, antigua Lotharingia.

LORENZO:

Procedente del latín, «coronado de laureles». Puede considerarse también variante de Laurencio. Dado que, según la leyenda, san Lorenzo fue quemado en una parrilla, es el patrón de los cocineros y de los bomberos. Rasgos característicos: tienen un buen carácter, flexible, sonriente, con mucha paciencia, lo cual hace que triunfen sus proyectos. Presentan una inteligencia despierta y están especialmente dotados para los trabajos en los que se pone a prueba la imaginación. Poseen un corazón de oro y son capaces de inspirar estima, amistad y amor.

LORETO:

Advocación mariana. Según la tradición, los ángeles llevaron, en 1294, a un lugar de Ancona poblado de laureles (un *lauretum*) la casa de Belén donde nació Jesús.

LORI:

Diminutivo anglosajón de Laura.

LORNA:

Nombre escocés femenino, popularizado a mediados del siglo XIX. Es el nombre de un lugar en Escocia.

LOTARIO:

Procede del germánico *Leudi-hari*, «ejército glorioso».

LOURDES:

Advocación mariana alusiva a las apariciones de la Virgen a la vidente Bernardette Soubirous en la localidad de este nombre ubicada en el sur de Francia y que tuvieron lugar en 1858.

LUANA:

Del germánico, con el significado de «luchadora graciosa». En el idioma hawaiano significa «feliz».

LUCAS:

Del latín *Lucius*, «luminoso». Rasgos característicos: están llenos de finura, de gracia, de discreción y de inteligencia. Dotados de energía y de voluntad, de un espíritu asimilador, son muy hábiles para dirigir sus asuntos. Tienen mucho talento, están dotados para todo tipo de trabajos, pero adolecen de paciencia y están sometidos a problemas físicos y morales. Con frecuencia buscan la soledad y a veces se dan a la melancolía. Poseen un espíritu asimilador y positivo. Se casan bastante pronto; sin embargo, si no encuentran una persona a la que amar profundamente, prefieren quedarse solteros.

LUCÍA:

Nombre latino derivado de *lux*, «luz». Es la patrona de los invidentes. Rasgos característicos: es desconfiada hasta la obstinación, y los celos la torturan continuamente. Es muy inteligente y con serenidad logra dominar este problema. Es atractiva y guarda su intimidad. No hace confesiones tan fácilmente y se siente atraída por lo misterioso. Es capaz para realizar cualquier trabajo.

LUCIANO:

Del latín *Lucianus*, gentilicio de Lucas.

LUCILA:

Nombre latino, «lucecita». Diminutivo de *lux*, «luz».

LUCINA:

Del latín *Lucina*, «que da a luz». Diosa romana de los partos, asimilada a Juno y Diana.

LUCIO:

Del latín *Lucinus*, relativo a la luz, al nacimiento, aplicado como sobrenombre de Juno o Diana, diosa que presidía los nacimientos, al traer a los niños a la luz del mundo.

LUCRECIA:

Nombre de origen latino, derivado del verbo *lucrar*, «ganar». Lucrecia era una dama romana que se mató después de haber sido ultrajada por un hijo de Tarquino el Soberbio, acontecimiento que determinó la abolición de la monarquía en Roma.

LUCY:

Forma inglesa de Lucía.

LUDMILA:

Nombre eslavo que significa «amada por el pueblo». Posiblemente esté relacionado con la raíz germánica *hlod*, «gloria», y la latina germanizada *milus*, «dulce».

LUDWIG:

Forma alemana de Luis.

LUIS:

Nombre germánico, cuya etimología no está totalmente definida. Se cree que deriva de *Hlodwig*, «combate glorioso», de donde se derivó el nombre Clodovicus, del cual surgió Ludovicus. Otra hipótesis es que deriva de *Hluotwig* o *Hlo-wig*, «baluarte (castillo)». Para otros procedería de *All-wisa*, «sabio eminente», de donde se derivó Aloysius, Aloiso y tal vez Eligio y Eloy. Y hay quienes lo derivan del germánico *Liuva*, «amado». En realidad, Luis es el más común de un grupo de nombres cuya etimología y significado están posiblemente entrelazados, entre ellos Clodoveo, Clovis, Clodovico, Ludovico, Aloito, Aloisio, Alvito, Eloísa, Eloy, Lajos, Liuva y Alvisa. Rasgos característicos de quienes llevan el nombre de Luis: son inteligentes, leales, muy flexibles y con frecuencia polivalentes. Son amables, corteses y muy agradables porque gozan de un espíritu vivo y de un garbo desenvuelto. Son muy brillantes en sociedad. Junto a sus cualidades, poseen algunos defectos como los celos y la susceptibilidad. En el amor, son afectuosos, sinceros, fieles, saben permanecer sencillos y simpáticos y se toman el amor como algo muy serio con lo que cuentan en la vida.

LUISA:

Femenino de Luis. Rasgos característicos: es amable, dulce y modesta. Trata siempre de no ponerse en evidencia y le atrae el trabajo cotidiano, al que dedica con entusiasmo todo su esfuerzo. Es cuidadosa con los objetos materiales y con los vínculos afectivos que va creando a su alrededor. Si se le pide constancia y voluntad para la realización de un determinado fin, lo hará sin vacilaciones, con perseverante esmero. Le preocupa la idea del bien y del mal. Siempre está presente en ella el análisis de conciencia que la hace ubicarse con respecto a los hechos.

LUZ:

Advocación mariana, por Nuestra Señora de la Luz.

LYNN:

Nombre muy popular en Estados Unidos. Diminutivo de Linda.

MABEL:

Variante de Anabel.

MACARENA:

Advocación a la Virgen María muy popular en Sevilla, alusiva a un barrio cuyo nombre procede de un antiguo edificio relacionado con san Macario.

MACARIO:

Como en tantos otros casos, la etimología de este nombre es motivo de discordancias: para unos procede del griego *Machaera*, «espada», por lo que significaría «el que lleva la espada», mientras que para otros deriva de *Makar*, «feliz», de donde Macarios sería «el que ha alcanzado la felicidad, el difunto».

MADRONA:

Del latín *matrona*, «madre de familia».

MAEKO:

Nombre japonés que significa «sincera».

MAEMI:

Nombre japonés que significa «la sonrisa de la verdad».

MAFALDA:

Del germánico *Maganfrid*, «pacificador fuerte». Para algunos es una variante de Matilde. Santa Mafalda, muy popular en Portugal, fue hija de Sancho I y esposa de Enrique I de Castilla, en el siglo XIII.

MAGALÍ:

Forma provenzal de Margarita.

MAGDA:

Abreviación de Magdalena.

MAGDALENA:

Gentilicio de la ciudad de Magdala (de *migdal*, «torre»), ciudad en la frontera de Tiberíades, en Palestina, donde vivía María Magdalena. Rasgos característicos: son inteligentes, bonitas, atractivas, sensibles, simpáticas, desenvueltas y de naturaleza generosa. Caen simpáticas con facilidad, les gusta muchísimo la vida y son esposas encantadoras. Entre sus defectos se encuentran la falta de reflexión y la frivolidad.

MAGGIE:

Forma inglesa de Margarita.

MAGÍN:

Etimología: del latín *Maginus*, quizá de *magnus*, «grande», o, mejor, variante de Maximus. Personaje célebre: ermitaño del siglo IV en Tarragona, donde este nombre sigue siendo muy popular.

MAHALA:

Del hebreo, «cariño, afecto».

MAIA:

Procedente del griego, «madre».

MALAQUÍAS:

Nombre propio hebreo, Malaki, compuesto por el sustantivo *malak*, «mensajero», y el sufijo de primera persona. Su significado es «mi mensajero». Malaquías es el último de los doce profetas menores. Nada se sabe de su vida, sólo que profetizó hacia el año 432 a. de C. San Malaquías fue arzobispo de Armagh y legado apostólico en Irlanda (1132-1137), cuya Iglesia reorganizó. Nacido en 1094 y muerto en Clairvaux en 1148, san Bernardo menciona su virtud profética. A este santo se le han atribuido las denominadas profecías de san Malaquías. Las dio a conocer Arnoldo Ubión, monje de Montecassino, en 1595. Se refieren a los ciento once papas que han de reinar después de Celestino II hasta el fin del mundo, y designan a cada uno con un lema en latín, que intenta caracterizarlo.

MALIK:

Nombre árabe que significa «maestro».

MALVINA:

Del latín *Malvinus*, derivado de *Malva*, «malva», germanizado con la raíz *wim*, «amigo». No tiene nada que ver con las islas Malvinas, que proceden del francés *Malouines*, por los pescadores de Saint-Malo que se establecieron en ellas. Rasgos característicos: es clara en sus simpatías y antipatías. En su trato con los demás no conoce los términos medios. Por eso, cuando entrega sus sentimientos a una determinada persona, no admite discusiones al respecto. Busca el gran amor de su vida con serenidad, sin importarle la admiración con que la juzgan unos y los reproches que le hacen otros. En su personalidad bien asentada, ella se siente cómoda y feliz, eludiendo los conflictos ajenos.

MAMÉS:

Del griego *mamás*, «madre» en voz infantil, usada, según la tradición, por el santo de este nombre llamando a su madre adoptiva.

MANRIQUE:

Del germánico *Manrich*, «hombre rico, poderoso». Tomado en la práctica como variante de Amalarico, y éste de Amal, nombre de una tribu, y *rich*, «poderoso».

MANUEL:

Forma abreviada del nombre hebreo Immanuel, que significa «Dios está con nosotros». Rasgos característicos: de naturaleza independiente, superiores, muy cariñosos. Son obstinados, no aceptan con facilidad los consejos y no tienen muchos amigos verdaderos.

MARA:

Variante de María muy utilizada últimamente.

MARCEL:

Forma catalana de Marcelo.

MARCELA:

Forma femenina de Marcelo. Rasgos característicos: su destino está en constante transformación. Tiene talento, espíritu vivaz y toma decisiones rápidas. A veces sigue sus impulsos en forma alocada, sin medir las consecuencias. La aventura es su compañera inseparable. En el fondo es egoísta, porque piensa demasiado en vivir según sus propios deseos, sin contemplar si con esto hace sufrir a los demás. Tiene sentido del decoro y muestra placer al demostrarlo. Pero su vida es un continuo vértigo, en el que a veces arrastra también a quienes se vinculan sentimentalmente a su existencia.

MARCELINA:

Forma femenina de Marcelino.

MARCELINO:

Derivado de Marco y de Marcelo.

MARCELO:

Nombre latino derivado de *Marcellus*, diminutivo de *marcus*, «martillo». San Marcelo fue obispo de París en el siglo IV y es el patrón de los comerciantes de granos.

MARCIA:

Femenino de Marcial.

MARCIAL:

Del latín, «belicoso», nacido bajo el planeta Marte. San Marcial, apóstol de Aquitania, fue el primer obispo y es el patrón de Limoges.

MARCIANO:

Del latín *Martianus*, «relativo a Marte» o «de la familia de Marte».

MARCOS, MARCO:

Tras unos siglos de decadencia, este nombre registra hoy una sorprendente popularidad. Del latín *Marcus*, derivado de Marte, dios de la guerra, el cual inspira muchos otros nombres (Marceliano, Marcelino, Marcelo, Marcial, Marciano, Marcio). Nombre de uno de los cuatro evangelistas y patrono de Venecia. Rasgos característicos: de buena inteligencia, voluntarios, constantes, tienen el sentido de la precisión. De naturaleza asentada y reflexiva, son obstinados y un poco egoístas. Bastante alegres, se toman la vida por el lado bueno. Finos, astutos, fieles en la amistad y en el amor, capaces de vínculos sinceros. Si se casan, el ser amado puede estar seguro de la felicidad.

MARCUS:

Forma inglesa de Marcos.

MARGARET:

Forma inglesa de Margarita.

MARGARITA:

Del latín *margarita*, «perla». Rasgos característicos: poseen una gran inteligencia intuitiva, mucha bondad y un espíritu conciliador. Les gusta lo bello y todo lo que huele a bondad. Son muy sinceras, gozan de una firme voluntad, rígida y recta. Son enamoradas natas y encuentran la felicidad en el amor. Tienen una fuerte inclinación por la religión y muchas de ellas no están destinadas al matrimonio.

MARGOT:

Variante de Margarita.

MARÍA:

Es sin duda el nombre femenino más popular en España y aunque en las últimas décadas perdió algo de popularidad, conserva un puesto privilegiado. Del hebreo Myriam, para el cual se han propuesto hasta setenta interpretaciones distintas (entre ellas el hebreo

Mara, «contumaz», y el egipcio *Mrym*, «amada de Amón», es decir, de Dios). El nombre aparece transformado en la Vulgata en el actual María, cuyo uso no se popularizó hasta bien entrada la Edad Media por tabúes religiosos análogos a los que rodeaban el nombre de Jesús. Rasgos característicos: son de naturaleza activa, dulce, apacible y no hacen ningún esfuerzo por brillar. Su apariencia es silenciosa y serena. Son dadas al ensueño, tienen un temperamento fácil de contentar. Son poco exigentes, gustan sobre todo a las personas modestas y se vuelven muy buenas compañeras en el matrimonio.

MARIANA:

Nombre compuesto de María y de Ana. Rasgos característicos: se siente atraída por las cosas misteriosas. No es osada en su actitud frente al mundo. Ansía fervientemente hacer vida de hogar, serena y apacible. Es muy consciente y trabajadora y goza de una calma y una paz envidiables.

MARIANO:

Del latín *Marianus*, gentilicio de Mario. Alude también a la devoción a la Virgen María.

MARÍN, MARINO:

Del latín, *mar*, *maris*, «que procede del mar, marino».

MARINA:

Femenino de Marín y también variante de María.

MARIO:

Aunque es considerado a menudo el masculino de María, en realidad no es así, pues aparece en Roma antes de nuestra era. Mario fue un general romano adversario de Sila y defensor de los derechos del pueblo. Es una derivación de Marte, dios de la guerra. Rasgos característicos: son apacibles, les gusta trabajar con firmeza y exageran un tanto la amplitud de sus hazañas. Están dispuestos a hacer favores, son sinceros y les gusta el humor. Sus bromas y su risa ocultan a menudo una emotividad que temen descubrir.

MARISA:

Diminutivo de María Luisa.

MARJORIE:

Forma inglesa de Margarita.

MARTA:

Procedente del arameo, con el significado de «señora». Rasgos característicos: poseen un espíritu despierto, curioso, una inteligencia abierta y clara, se interesan por todo. Son muy luchadoras, muy emprendedoras y agradables de frecuentar. Con frecuencia son desenvueltas, generalmente frágiles, pero capaces de utilizar una energía casi insospechada. No tienen maldad y odian la vulgaridad. Tienen tendencia a irritarse con facilidad.

MARTÍN:

Del latín *Martinus*, gentilicio de Marte, «marcial, belicoso, guerrero». Rasgos característicos: desenvueltos y capaces de poner en su sitio a los inoportunos. Afables, muy acomodaticios, son personas agradables de frecuentar.

MARTINA:

Femenino de Martín.

MARVIN:

Nombre muy popular en Estados Unidos. De origen incierto. Se cree que su significado es «amante del mar».

MASHA:

Diminutivo ruso de María.

MATEO:

Tiene la misma etimología que Matías. Rasgos característicos: son muy económicos y ponen todas sus facultades intelectuales al servicio de su deseo de triunfo. Son rectos, justos y generosos. San Mateo es el patrón de los financieros, de los recaudadores y de los aduaneros.

MATÍAS:

Forma abreviada del nombre hebreo Mattityahu. Su significado es «don, regalo de Yahveh».

MATILDE:

Del germánico *Maht-hild*, «guerrero fuerte». Nombre muy popular en los países germánicos. Rasgos característicos: de inteligencia bastante lenta, deben trabajar mucho para poder triunfar en la vida. Con frecuencia carecen de confianza en sí mismas, lo cual les impide llevar a cabo cosas que estarían en condiciones de hacer bien. En el amor no se dejan llevar por los sentimientos con facilidad.

MAUD:

Forma inglesa de Matilde.

MAURICIO:

Nombre gentilicio latino. De *maurus*, «originario de Mauritania, moro». Rasgos característicos: son trabajadores, no les gusta perder el tiempo en los placeres. Tienen buen sentido, son inteligentes, poco sentimentales y tienen una alta opinión de sí mismos. Están llenos de afán y están hechos para llevar a buen puerto las grandes tareas de la vida. Tienen buen juicio y no les gusta cambiar de trabajo. San Mauricio es el patrón de los tintoreros y de los lavanderos.

MAURO:

Misma etimología que Mauricio. Palabra procedente del griego, cuyo significado es «oscuro, sombrío», aplicada a los habitantes del norte de África.

MAXIMILIANO:

Al parecer es un gentilicio de Máximo (Maximilianus), aunque también podría estar compuesto por Máximo y Emiliano. Este nombre fue muy popular durante siglos, tanto en Alemania como en Austria, y sigue siéndolo en la actualidad.

MAXIMINO:

Derivado de Máximo.

MÁXIMO:

En el Libro de Actas Públicas de la antigua Roma se inscribían los hijos en orden correlativo: *Primus*, *Secundus*, y así sucesivamente, con variaciones como *Maximus*, «máximo, el mayor». El nombre se aplicaba asimismo a alguien de estatura elevada. Rasgos característicos: son tranquilos, comedidos, muy sociables y detestan la extravagancia. Aman a su prójimo y tienen el sentido justo de la palabra dada. Nunca abandonan a un amigo al que han prometido ayudar. Dan pruebas de mucha distinción tanto en ideas como en la práctica. Tienen una considerable dignidad de vida.

MAY:

Nombre muy común en algunos países anglosajones. Puede ser un diminutivo de la forma femenina de Mateo, también una abreviación de María o incluso un diminutivo de Maia o Maya.

MAYA:

Nombre mitológico. Hija de Atlas y madre de Hermes (*maia*, «madre» en griego). También fue el nombre de una de las Pléyades. En la actualidad también se utiliza este nombre por la palabra sánscrita *maya*, «ilusión». Maya es también la forma vasca de María.

MAYSA:

Nombre de origen árabe, «la que camina con dignidad».

MEDARDO:

Nombre germánico procedente de *mecht*, «fuerza, poder», y *hard*, «duro, fuerte». *Mecht-ard* significa «fuerte en el poder, gobernante fuerte».

MEINARDO:

Derivado del germánico *Manhrod*, «hombre glorioso».

MELANIA:

Femenino de Melanio.

MELANIO:

Del griego *Melánios*, «negro, oscuro», o «con manchas negras». Aplicado como sobrenombre a Deméter por el luto que llevaba por su hija Proserpina, raptada y llevada a los Infiernos por Plutón.

MELCHOR:

Del hebreo *Malki-or*, «rey de la luz». Atribuido por la tradición a uno de los tres Reyes Magos, representante de los pueblos semitas mediterráneos.

MELINDA:

Nombre muy famoso en los países anglosajones durante el siglo XIX, significa «dulce».

MELISA:

Del latín, «dulce como la miel».

MELITÓN:

Del latín *Mellitus*, «dulce como la miel». Las palabras griegas *mélissa*, «abeja», y *méli*, «miel», originaron multitud de nombres propios, especialmente femeninos, con el significado de «dulce, agradable».

MELQUÍADES:

Del hebreo *Malquiyahu*, «es mi rey». Para algunos es una variante de Milcíades.

MENANDRO:

Posible derivación de *Meno-ander*, «varón firme». Nombre de un importante comediógrafo griego que introdujo un nuevo tipo de obra teatral, menos dramática y más delicada que la que se había hecho hasta entonces.

MENDO:

Contracción gallego-portuguesa de Menendo o Melendo, ambas a su vez formadas de Hermenegildo.

MERCEDES:

Del latín *merx*, «mercancía, valor de una mercancía», de donde el sentido posterior de «merced, misericordia, perdón, gracia». Advocación mariana. La Virgen de la Merced es la patrona de Barcelona.

MERCURIO:

Procede de *mera*, *mercis*, «mercancía», y *cura*, «cuidado», y significa «el que cuida las mercancías». Mercurio es el dios romano del comercio, correspondiente al Hermes griego. Se lo representa como un joven desnudo o vestido con túnica corta. En la cabeza lleva un sombrero adornado con pequeñas alas. Calza sandalias aladas, y a veces lleva una bolsa, símbolo del lucro comercial. Entre sus atributos se destaca el caduceo (emblema de paz, prosperidad y comercio).

MERIL:

Nombre muy popular en Estados Unidos. Se desconoce su origen.

MERITXELL:

Su etimología es incierta. Tal vez se trate de un derivado del latín *meritus*, diminutivo de *merus*, «puro». La Virgen de Meritxell fue proclamada patrona de Andorra en el año 1873. La imagen, talla románica del siglo XII, considerada una de las más antiguas de los Pirineos, desapareció en el incendio que el 8 de septiembre de 1972 destruyó completamente el santuario.

MERVIN:

Antiguo nombre escocés, bastante común en el Reino Unido. Significa «mar adentro».

METODIO:

Del griego *Methodos*, con el significado de «camino hacia delante», o sea, «investigación, estudio». Se puede traducir como «estudioso».

MICHIO:

Nombre japonés. Significa «con la fuerza de tres mil hombres».

MIGUEL:

Procedente del hebreo, «semejante a Dios». San Miguel Arcángel, jefe de la milicia celeste, es el patrón de Francia, de los armeros, de los maestros de armas, de los esgrimidores, de los panaderos, de los pasteleros, de los estuferos, de los banqueros, de los radiólogos y de los paracaidistas. Se le invoca para ser protegido del rayo y de los bombardeos aéreos. Rasgos característicos: les gusta el estudio, el trabajo, el lujo y lo bello. Son de carácter caprichoso, cambiante y por encima de todo prefieren la independencia. Son activos, desenvueltos y tienen un espíritu grave y concentrado que sabe encontrar el verdadero sentido de la vida. Son seductores, grandes encantadores y gustan mucho al sexo opuesto. Siempre tendrán éxito en las ciencias abstractas y en la vida artística.

MIKLÓS:

Forma húngara de Nicolás.

MILAGROS:

Nuestra Señora de los Milagros es una advocación mariana. Del latín *Miraculum*, «maravilla, prodigio». Especialmente popular en las islas Canarias bajo la variante Milagrosa. Otra variante es Milagro.

MILDRED:

Nombre muy antiguo inglés, cuyo significado sería «fuerte y suave» o «fuerza amable».

MILLÁN:

Derivación de *Aemilianus*, «de la familia de Emilio». San Millán fue un monje benedictino del siglo VI, nacido en La Rioja, que dio nombre al monasterio de San Millán de la Cogolla, donde vivió Gonzalo de Berceo.

MINA:

Nombre sánscrito que significa «piedra preciosa». En los países hispanos se usa como diminutivo de una gran cantidad de nombre femeninos, entre ellos Herminia y Guillermina.

MINDY:

Diminutivo de Melinda.

MINERVA:

Etimología: del latín. Es la diosa latina de la sabiduría y de los artesanos.

MIRANDA:

Nombre procedente del latín, que significa «la admirable». Utilizado por Shakespeare para la heroína de su obra *La Tempestad.*

MIRELLA, MIREYA:

Nombre muy popular en la Provenza, y de ésta, por Cataluña, se extendió a toda España. Significa «maravilla» o también «espejo».

MIRIAM:

Forma primitiva hebrea de María (Miryam). Su significado es incierto; se ha señalado el hebreo *mara*, «contumaz», y también el egipcio *Myrim*, con el significado de «amada de Amón, de Dios». Rasgos característicos: es sentimentalmente original. Le agradan los pequeños detalles, con los que tiene la habilidad de crear un hermoso conjunto. Es tierna y de inteligencia inquieta y curiosa, siempre dispuesta a saber algo más. Tiene en sí la alegría de vivir y esto la ayuda enormemente a soportar los malos momentos. Se hace querer por todos, y los amigos y compañeros de trabajo buscan su compañía, porque sabe ser cordial y simpática. Su secreto reside en buscar placer en las cosas comunes embelleciéndolas con su imaginación, y no desear mucho más de lo que puede obtener. Siempre se conforma con alegría.

MODESTO:

Del latín *Modestus*, «con modo, con medida, moderado».

MOISÉS:

Nombre propio hebreo compuesto por la raíz verbal *moseh*, «sacar». Significa «sacado de las aguas». Para otros la etimología del nombre basada en el idioma egipcio sería *moy*, «agua», y *useh*, «salvar», es decir, también «salvado de las aguas».

MOLLY:

Diminutivo anglosajón de María.

MÓNICA:

Aunque nunca dejó de ser utilizado, este nombre ha experimentado una gran popularidad en las últimas décadas. Es el femenino del griego *Monachós*, «monje» (por *monos*, «uno, solo, solitario»). Rasgos característicos: son mujeres de gran valor, indulgentes, comprensivas y de naturaleza independiente. No buscan los goces mundanos, sino que prefieren las alegrías de un orden más elevado. Son pacientes, un poco masculinas y nunca llegan a conseguir la felicidad perfecta. En el amor casi siempre conservan el mismo temperamento que en los negocios y siempre triunfan en organizar su vida de una manera agradable.

MONTSERRAT:

Del catalán *Mont-serrat*, «monte aserrado», es decir, «en forma de sierra». El culto mariano en Montserrat tiene su origen en la primitiva ermita pre-romana de Santa María, procedente del siglo XIII. Es la patrona de Cataluña.

MORGAN:

Nombre muy común en el país de Gales en todas las épocas. Significaría «grande y esplendoroso».

MORIAH:

Procede del hebreo, y su significado es «el Señor es mi Maestro». Algunos lo consideran una variante de María.

MURIEL:

Nombre muy popular en Estados Unidos. Origen desconocido.

MYRIAM:

Forma hebrea de María.

NADIA:

Diminutivo del ruso *nadiejda*, que quiere decir «esperanza». Rasgos característicos: con frecuencia burlona. Cambia a menudo de humor sin que se sepa la razón. Bastante caprichosa.

NAJIB:

Nombre árabe, «de alta alcurnia».

NANCY:

Variante inglesa de Ana.

NAOMI:

Nombre propio hebreo, que significa «Yahveh es el compendio de todas las gracias y virtudes».

NAPOLEÓN:

Relacionado con las palabras italianas Napoli (Nápoles, a su vez procedente del griego *neo-polis* «ciudad nueva») y *leone*, «león», aunque es más probable que el primer componente sea Nepo, variante de Lapo, forma toscana de Iácopo (Santiago).

NARCISO:

Nombre de un personaje mitológico. Joven de gran belleza, muerto de inanición por distraerse contemplando su imagen en las aguas del río. Rasgos característicos: son hábiles, muy tenaces y bastante inteligentes. No están demasiado apegados al dinero y son bastante generosos.

NATACHA:

Etimología: del eslavo. Derivado de Natalia.

NATALIA:

Derivado del latín *dies natalis*, «día del nacimiento», conmemorativo de la fiesta religiosa de la Navidad. Rasgos característicos: avanza por la vida serenamente y tomando toda clase de precauciones para no estrellarse. Cuenta sus pasos, calcula los riesgos, y actúa sólo cuando está bien segura de lo que va a hacer y de sus consecuencias.

NATIVIDAD:

Etimología: del latín *Nativitas*, alusivo a la Natividad de la Virgen María.

— N —

NAZARIO:

Del hebreo *Nazer*, equivalente de «flor, corona». Alude a una antigua ceremonia de iniciación, por lo que podría traducirse como «consagrado, coronado».

NEAL:

Sinónimo de Neil.

NEIL:

Antiguo nombre celta cuyo significado sería «campeón», «vencedor».

NELS:

Forma escandinava de Nicolás.

NELSON:

Nombre bastante común en Centroamérica y Brasil. Su significado es «hijo de Neil».

NEMESIO:

Etimología: del latín *Nemesius*, «justiciero» (en Grecia, Némesis era la diosa de la justicia y la venganza).

NERINA:

Nombre dado por Virgilio a una nereida, por analogía con el de su padre Nereo. Significa «nadar».

NÉSTOR:

Procedente del griego, con el significado de «viajero». En la mitología griega, Néstor es el más viejo y el más sabio de los jefes griegos, muy prudente y sagaz. Rasgos característicos: están dotados de sentido común, de una gran inteligencia y de amor hacia su prójimo.

NEUS:

Forma catalana de Nieves.

NEVIN:

Nombre procedente del antiguo galés, que significa «santo, sagrado».

NEWTON:

Nombre de un lugar convertido en nombre propio de personas. Su significado es «ciudad nueva».

NIALL:

Sinónimo de Neil.

NICANOR:

Del griego *Nike-amer*, «hombre victorioso». Nombre muy popular en los primeros siglos del cristianismo.

NICASIO:

Del griego *Niké*, «victoria», significando así «victorioso».

NICETO:

Derivado del griego *Niketas*, «vencedor o victorioso», de *Niké*, «victoria».

NICK:

Diminutivo inglés de Nicolás.

NICODEMO:

Nombre propio griego compuesto por *nikeo*, «vencer», y *demos*, «habitante del pueblo, comunidad de un pueblo, ciudadanos», etc. Su significado sería algo así como «vencedor del pueblo».

NICOL:

Nicolás.

NICOLA:

Forma italiana de Nicolás.

NICOLÁS:

Del griego *Nikolaos*, «vencedor del pueblo, de la multitud». San Nicolás es veneradísimo en los países nórdicos, donde su representación navideña (Sant Niklaus, eufonizado Santa Claus) se fundió con Papá Noel. San Nicolás es el patrón de la juventud, de los boticarios, de los carniceros, de los tenderos, de los traperos, de los barqueros, de los vinateros, de los toneleros, de los marineros, de los vendedores de grano, de los notarios y de los abogados. Es también el patrón de Rusia. Rasgos característicos: son sensibles, de naturaleza un poco apática; se alteran con facilidad, pero no sienten odio. Es fácil vivir con ellos, pues tienen grandes cualidades. Son dados a la melancolía y al ensueño. En el amor son muy sensibles.

NICOLETTE:

Femenino francés de Nicolás.

NICOMEDES:

Del griego *Nikomédes*, «que prepara la victoria, que ansía vencer».

NIDIA:

Del latín *Nitidus*, «radiante, luminoso».

NIEVES:

Advocación de la Virgen, que la Iglesia celebra en memoria de la prodigiosa nevada que el 5 de agosto del año 352 cayó en Roma, en el lugar donde más tarde se edificaría una basílica dedicada a la Virgen, hoy Santa María la Mayor. Alude a la pureza, simbolizada en el color blanco.

NIKLAUS:

Forma alemana de Nicolás.

NILO:

Nombre latino, tomado de Nilus, nombre del río Nilo en Egipto. Hay varios santos de este nombre, todos ellos de los primeros siglos del cristianismo.

NILS, NIELS:

Formas escandinavas de Nicolás.

NINA:

Diminutivo ruso de Catalina y de Ana.

NOAH:

Forma inglesa de Noé.

NOÉ:

Del hebreo *Noah*, «de larga vida, longevo», alusivo a la supervivencia al diluvio por el patriarca bíblico de este nombre. O quizá de *Noah*, «reposo, descanso», por su sueño tras haber tomado el vino. Es el patrón de los armadores y de los vinateros. Rasgos característicos: posee una inteligencia muy viva y clara, capaz de síntesis extraordinarias. A veces autoritario. Está hecho para el éxito.

NOEL:

Forma inglesa y francesa de Natividad. Se usa tanto para hombre como para mujer.

NOEMÍ:

Significa «mi delicia». Rasgos característicos: actúa con brusquedad frente a los demás. Cuando tiene algo que decir no mide las consecuencias, y por eso muchas personas se resienten con ella, pues se ven heridas y desplazadas de su afecto. Es muy ambiciosa. Desea placeres y comodidades intensamente y, por lo tanto, quiere el dinero como un medio para obtenerlos.

NOLAN:

Nombre procedente del antiguo galés, que significa «famoso», «renombrado».

NORA:

Rasgos característicos: toda su vida es un camino constante hacia el perfeccionamiento espiritual. Evoluciona hacia el bien y cultiva sus amistades con verdadero fervor. Como se entrega íntegramente al afecto, recibe también fidelidad y sinceridad de parte de las personas que la rodean. Los celos, a veces, se apoderan de ella haciéndole pasar un mal rato, pero, felizmente, su deseo de superación la protege, y pronto desaparecen retornando la cordialidad.

NORBERTO:

Del germánico *Nord-berht*, «famoso hombre del norte». De la misma raíz que Norman, cuyo derivado femenino, Norma, se ha vuelto corriente en los últimos años. Rasgos característicos: son serios y muy aplicados en su trabajo. Son lógicos, metódicos y constantes. Son buenos trabajadores que no temen las dificultades. En el amor, son muy fieles y son padres de familia abnegados.

NORMA:

Del latín *Norma*, «norma, precepto», o, más posiblemente, deformación femenina del germánico *Nortmann*, «hombre del norte, normando».

NORMAN:

Del germánico, «hombre del norte», «normando». Muy usado en países anglosajones.

NUÑO:

Derivación medieval del nombre latino *Nonnius*, «monje», o tal vez *Nonius*, «noveno», aplicado al hijo nacido en noveno lugar.

NURI:

Nombre árabe cuyo significado es «luz».

NURIA:

Podría derivarse del vascuence *N-uri-a*, «lugar entre colinas», con posible influencia posterior del femenino árabe *Nuriya*, «luminosa». Es una advocación mariana, relativa a la Virgen del santuario catalán del mismo nombre. Es considerada patrona de los pastores pirenaicos y es invocada contra la esterilidad femenina.

ÑAKI:

Derivado de Iñaki (Íñigo).

OBDULIA:

Adaptación al latín del nombre árabe *Abdullah*, «servidor de Dios» (Allah, «Dios», literalmente «lo alto, la divinidad»).

OBERÓN:

Derivado de Alberico. Nombre dado al rey de las hadas y los genios del aire, tomado por Shakespeare para un personaje de *El sueño de una noche de verano*.

OCTAVIA:

Femenino de Octavio.

OCTAVIANO:

Gentilicio (*Octavianus*) de Octavio.

OCTAVIO:

Del latín *Octavius*, era nombre atribuido generalmente al octavo hijo. Nombre del primer emperador romano. Rasgos característicos: son inteligentes, de una voluntad sólida, pero bastante influenciables. Les gusta la vida mundana; sin embargo, son sensibles a los requerimientos del amor.

ODETTE:

Nombre muy popular en Estados Unidos, su significado es «rica».

ODILE:

Forma femenina derivada de Otto.

ODILÓN:

Variante de Odón, que es, a su vez, una variante de Otón.

OFELIA:

Nombre latino (Offelia), posiblemente derivado del griego *opheleia*, «ayuda, socorro». Es uno de los personajes femeninos de mayor fama universal, creado por Shakespeare. Representa a la mujer en su debilidad y amor que, ante el desvarío injustificado del amante y su propia tragedia familiar, acaba loca y perece ahogada al coger flores junto al río. Rasgos característicos: su mayor deseo es el amor compartido y la felicidad en común. Pasa toda su vida buscando la mejor forma de lograr este ideal. Está hecha para la cordialidad, pero es

muy susceptible. Un detalle cualquiera, el más insigni-
ficante, puede destruir en un minuto el afecto que le
costó años construir. Su espíritu sensible da importancia a palabras y gestos que para los demás pasan inad-
vertidos. Posee un gran corazón.

OLAF:

Del noruego *Ano-leifr*, «legado de los antepasados».
Siempre ha sido un nombre muy popular entre los
vikingos.

OLALLA:

Eulalia, en gallego.

OLEGARIO:

Procede del germánico *helig*, «saludable», y *gair*, «lanza». También de *Ald-gard*, «pueblo ilustre». San
Olegario fue el primer obispo de Tarragona en los
siglos XI-XII.

OLGA:

Forma rusa del nombre escandinavo Helga. Derivado
de la voz *heil*, «alto, divino», y, por extensión, «invulnerable». Se considera equivalente de Elena. Santa
Olga fue una gran duquesa rusa, nacida a principios del
siglo X y muerta en el año 969, abuela de san Vladimiro. Rasgos característicos: le gusta dirigir su propio
destino y se siente responsable de la felicidad o los contratiempos que recoja en su camino. Por su personalidad firme y decidida, muchas veces crea rivalidades a

su alrededor. Llega hasta sentirse aislada y sola. Entonces se vuelca afanosamente en el trabajo, en el que obtiene éxito seguro, y vuelve a ser feliz.

OLIMPIA:

Etimología: del griego *Olympios*, «de Olimpia», lugar donde se celebraron los juegos llamados, por este motivo, olímpicos. Seguramente se deriva de la raíz *lamp*, «brillar». También puede proceder del Olimpo, monte de Tesalia donde se suponía residían los dioses.

OLIMPÍADES:

Nombre griego, alusivo a Olimpia.

OLIVER:

Procedente del latín, «el árbol, el olivo».

OLIVERIO:

Asimilado al danés *olaver*, «reliquia de los antepasados», o al germánico *alf-hari*, «ejército de elfos», fue un nombre común entre los caballeros de la Edad Media.

OLIVIA, OLIVO:

Del latín, «fruto del olivo». Rasgos característicos: son muy despiertas, bien equilibradas, de naturaleza apacible y afectuosa. Astutas, flexibles y hábiles. Los hombres son dulces, de aspecto atractivo y poseen buenos modales. Corrigiéndose de su tendencia al coqueteo, pueden convertirse en grandes enamorados de una sola persona. Las mujeres son poco fieles, les gusta coquetear y son sensibles por lo que respecta a la conducta del ser amado.

ONÉSIMO:

Del griego *onesimós*, «útil», «bienhechor».

ONFALIA:

Procede del griego *Onphále*, y éste de *Onphalós*, «ombligo». Sinifica «mujer con un bello ombligo».

ONOFRE:

Se cree que proviene del egipcio *Unnofre*, «el que abre lo bueno», aunque podría también proceder del germánico *Unnfrid*, «el que da la paz».

ORDOÑO:

Procede del germánico *Ort-huni*, «espada del gigante».

ORLANDO:

Variación de Rolando. Nombre muy popular en la mayoría de los países latinoamericanos.

ORSON:

Procedente del latín, «como un oso».

ÓSCAR:

Del germánico Osovan, nombre de una divinidad, y *gair*, «lanza», significando así «lanza de Dios». Es el nombre del santo que evangelizó Suecia y Dinamarca, por lo que es un nombre muy común en dichos países.

OSEAS:

Procede del hebreo, «salvador».

OSMAR:

Procede del inglés antiguo. Su significado es «divino», «maravilloso».

OSVALDO, OSWALDO:

Procede del germánico *Ost-wald*, «gobernante de países del este» y, por analogía con la salida del sol, «brillante, luminoso».

OTELO:

Nombre creado por Shakespeare en su drama homónimo, posiblemente inspirado en Oto.

OTILIA:

Resultado de la latinización (Otilius) del nombre típicamente germánico Otón.

OTIS:

Hijo de Otto. Nombre muy popular en Estados Unidos.

OTÓN, ODÓN:

Derivado del germánico *aud*, «riqueza».

OTTO:

Forma alemana de Odón.

OVIDIO:

Nombre latino: *ovidius*, «relativo a la oveja (*ovis*)».

OWEN:

Antiguo nombre galés muy popular en todas las épocas, que significa «bien nacido».

PABLO, PAULA, PAOLA:

Nombre propio latino de la raíz *paulus*, «pequeño, débil», o también «el que descansa». Rasgos característicos: coléricos e independientes, saben adónde van y, cuando han decidido algo, ninguna consideración los hace retroceder. Son inteligentes y dotados de un gran sentido práctico, les gusta la exactitud y la precisión. Tienen un carácter que nunca es trivial. No les gustan las mentiras y son muy francos. Aman sana y sólidamente y son sensuales.

PACIANO:

Nombre latino, gentilicio de Paz (*Pacianus*).

PACOMIO:

Del copto *Paahora*, «el del águila», aunque algunos opinan que se deriva del griego *Pakómios*, «de espaldas robustas». Este nombre fue muy común en los primeros años del cristianismo.

PALMIRA:

Derivación de Palma, alusivo al domingo de Ramos en recuerdo de las palmas que los jerosolimitanos agitaban para dar la bienvenida a Jesús. Aunque algunos opinan que no tiene ninguna relación con ella, otros creen que este nombre puede derivar de la ciudad de Palmira, asentada en un oasis a medio camino entre Damasco y el Éufrates, a unos trescientos kilómetros de este río. A esta posición magnífica debió su esplendor e importancia como centro comercial y político. Las mercancías de Oriente, llegadas por tierra o remontando el Éufrates, eran transportadas hasta Palmira, de donde partían las caravanas para Damasco. En el año 41 a. de C. fue saqueada por las legiones de Marco Antonio; Adriano la restauró con el nombre de Adrianópolis y fue colonia romana en tiempos de Septimio Severo. Tras el dominio romano, la ciudad se hizo independiente, y bajo el gobierno de la reina Zenobia se transformó en un imperio que abarcaba Egipto, Siria y gran parte del Asia Menor; pero el emperador romano Aureliano, en el año 272, se apoderó de ella, hizo prisionera a Zenobia y deshizo su imperio.

PALOMA:

Del latín *Palumba*, «pichón salvaje», distinto del doméstico (*Columba*) por su color pálido. Nombre alegórico de la dulzura y suavidad femeninas, incorporado por el cristianismo como símbolo del Espíritu Santo.

PAMELA:

Nombre forjado por el poeta inglés Felipe Sidney en su poema *Arcadia* (1580) y puesto de moda en los siglos XVIII y XIX por la novela inglesa de S. Richardson.

PANCRACIO:

Del griego *Pan-kration*, «todo fuerza, muy fuerte». Popularizado por un mártir del siglo IV.

PANDORA:

Nombre mitológico que designa a la mujer que imprudentemente abrió la caja que contenía «todos los dones» (*Pan-dóron*) de los dioses: todos escaparon, excepto la Esperanza.

PANTALEÓN:

Del griego *Pantaleón*, «todo león», es decir, «con las características de valor y esfuerzo propias del león».

PAOLA:

Derivado de Paula.

PAQUITA:

Forma popular de Francisca. Rasgos característicos: son personas de gran emotividad que pierden frecuentemente su sangre fría. Se consideran mujeres muy inteligentes y se fían de su inteligencia, que no siempre es tan grande como se imaginan. Son personas que necesitan el triunfo para seguir viviendo. Aunque están dotadas de una buena vitalidad, se fatigan rápidamente.

PARIS:

Nombre mitológico del héroe que raptó a Helena, con lo que desencadenó la guerra de Troya. Paris quizá tenga el significado de «igual, equivalente», aunque lo más probable es que sea un nombre prehelénico.

PASCAL:

Variante de Pascual.

PASCASIO:

Nombre cristiano romano (Paschasius), evocador de la festividad de la Pascua.

PASCUAL:

Nombre cristiano-romano (*Paschalis*), de origen griego, evocador de la festividad religiosa de la Pascua. La Pascua judía conmemoraba el «paso» (*Pesakh*) del pueblo hebreo por el desierto del Sinaí, fiesta que fue incorporada por el cristianismo conmemorando la resurrección del Salvador. San Pascual Bailón nació en

Torre Hermosa (Zaragoza), en el año 1540 y murió en Villarreal (Castellón), en 1592. Hijo de un campesino, apacentó el ganado hasta 1564, año en que ingresó en la orden franciscana. Es el patrón de Villarreal.

PATRICIA:

Femenino de Patricio. Rasgos característicos: tiene una naturaleza privilegiada, lo cual, a veces le perjudica porque corre el riesgo de creer demasiado en sus cualidades y hacer alardes de destreza y valor, hasta resultar insoportable ante los demás. No busca la compañía de los otros y tiende a aislarse en lugar de adaptarse al medio. Desdeña los placeres de la vida y es propensa a que la amen en secreto.

PATRICIO:

Del latín *Patricius*, «patricio», título de los primitivos oriundos de Roma, la patria. San Patricio, patrón de Irlanda, nació en la Britannia romana (actual Inglaterra); a los dieciséis años fue capturado por unos piratas y vendido en Irlanda. Allí el adolescente experimentó una conversión religiosa que había de ser definitiva en su vida. Rasgos característicos: tienen una inteligencia despierta y sutil, pertenecen a la elite intelectual y social. Son amables, reservados, de naturaleza un tanto burlona y apenas buscan la compañía. Se casan bastante tarde y forman matrimonios felices.

PATRICK:

Forma inglesa de Patricio.

PATROCINIO:

Etimología: del latín *Patrocinium*, «patrocinio, ampa-ro», o de *Patronas*, «padre, protector, patrón». Nombre que deriva de las fiestas religiosas del Patrocinio de Nuestra Señora y del de san José.

PATROCLO:

Nombre procedente del griego. Su significado es «gloria del padre».

PATXI, PATCHI, PACHI:

Derivados de Pantxeska, forma vasca de Francisco.

PAULA:

Femenino de Pablo. Rasgos característicos: tiene inteligencia natural, que si es dirigida y perfeccionada puede dar frutos realmente sorprendentes. Posee un espíritu independiente, y es propensa a dejarse llevar por sus fantasías. Tiene tendencia a la obstinación. No teme las responsabilidades y existe el peligro de que se involucre en aventuras, a veces sórdidas, en el terreno sentimental.

PAULINA, PAULINO:

Gentilicios de Pablo.

PAZ:

Del latín *Pax*, «paz», usado especialmente como advocación mariana (Nuestra Señora de la Paz).

PEDRO:

Simón, hermano de Andrés, fue nombrado conductor de la Iglesia con las palabras de Jesucristo «Tú eres piedra, y sobre esta piedra edificaré mi Iglesia». Así, el futuro primer papa pasó a ser designado con el nombre de *Kefas*, «piedra» en arameo. Traducido al griego como Pétros, al latino como Petra y masculinizado más tarde a Petrus, el nombre es uno de los primeros en la cristiandad, aunque por respeto no lo adoptara ningún otro papa, pero sobradamente compensan esta omisión otros ciento quince santos que llevaron este nombre. Rasgos característicos: son ordenados, realistas, valientes, organizadores y realizadores de primer orden. Tienen un espíritu metódico, concienzudo, a veces un poco puntilloso y susceptible, tienen gustos y temperamento de artista. Trabajadores pertinaces, de una inteligencia sólida, lógica, asimilan las ideas a fondo. Son de naturaleza reservada, no exteriorizan fácilmente sus sentimientos. Son leales y sacrificados en la amistad. En el amor, no les gusta ser engañados y se sienten atraídos por las personas que son superiores a ellos.

PELAGIO:

Del latín *Pelagius*, y éste del griego *Pelágios*, «marino, hombre de mar».

PELAYO:

Derivación de Pelagio, célebre por el vencedor de la primera batalla contra los árabes en Covadonga e iniciador de la Reconquista asturiana. Nombre muy popular en la Edad Media, hoy prácticamente en desuso.

PELEGRÍN:

Variante de Peregrino.

PELEO:

Del griego *Peleus*, «que vive en el barro». Es nombre mitológico, llevado por el padre de Aquiles.

PENÉLOPE:

Nombre mitológico de la esposa de Ulises, famosa por su paciente espera del héroe. Compuesto del griego *pene*, «hilo», y *lopia*, «hinchazón», aludiendo a la tela que tejía de día y destejía de noche. Otra versión la relaciona con *Penelopes*, «flamenco», aunque lo más probable es que proceda de una voz prehelénica. Durante la prolongada ausencia de su esposo, Penélope se vio asediada por gran número de pretendientes, a los que ella, fiel a Ulises (de cuyo regreso no dudaba), engañó diciendo que no podía dar su consentimiento hasta que terminara una tela que tejía para su suegro, Laertes, y de noche deshacía la obra que había hecho de día. Penélope es el prototipo de la esposa astuta en su inconmovible fidelidad para engañar a sus pretendientes. Rasgos característicos: de una inteligencia fina, que se adapta fácilmente, son muy influenciables. Al ser muy imaginativas, rechazan la realidad. Tienen un carácter muy abnegado; les gusta ver a su alrededor amigos y caras sonrientes. Poseen una intuición notable y su sociabilidad es fantástica.

PERCIVAL, PARSIFAL:

Nombre de uno de los caballeros del mítico rey Arturo.

PEREGRINO:

Procede del latín *Per-ager*, «el que va por el campo». Evoca las peregrinaciones medievales.

PERFECTO:

Nombre procedente del latín.

PERPETUA:

Nombre cristiano-romano. Del latín *perpetuos*, «continuo, permanente (en la fe)».

PETRONILA:

Del latín, «roca pequeña». Santa Petronila procedía de una noble familia romana, y fue martirizada en el siglo I. Es también una variante de Pedro.

PETRONIO:

Del latín *Petronius*, «duro como la piedra». Equivalente a Pedro.

PIEDAD:

Del latín *pietas*, «sentido del deber», «devoción hacia los dioses». Nombre cristiano, alusivo a uno de los atributos de la Virgen.

PIERCE:

Variante de Pedro.

PIERO:

Forma italiana de Pedro.

PIERS:

Forma escandinava de Pedro.

PILAR:

Nombre muy extendido en Aragón, alusivo a la Virgen María que, según la tradición, se apareció al apóstol Santiago en las márgenes del río Ebro sobre un pilar (latín, *pila*) de ágata.

PÍO:

Derivado del latín *pius*, con el significado de «devoto, benigno, piadoso». Doce papas han llevado este nombre.

PIONIO:

Del griego *Pion* o *Pios*, «piadoso».

PLÁCIDO:

Procede del latín *placides*, «tranquilo, de carácter suave». Rasgos característicos: al contrario de lo que su nombre indica, son caprichosos, bastante trapacistas, ardorosos y suelen tener un carácter muy difícil.

PLATÓN:

Nombre griego, cuyo significado es «ancho de espaldas». San Platón, que estaba emparentado con los emperadores de Bizancio, renunció a los veinte años a los más altos cargos de gobierno para hacerse monje.

PLINIO:

Nombre de dos famosos escritores latinos. Aunque ha sido relacionado con *Plenus*, «lleno, grueso», parece más probable que se derive del griego *Plinthos*, «baldosa, losa».

POLICARPIO:

Procedente del griego *Polykarpos*, «de muchos frutos, fructífero». Sinónimo de Fructuoso.

POLIXENA:

Nombre mitológico femenino. Hija de Príamo y esposa de Aquiles. Del adjetivo griego *polixenos*, «hospitalario» (*poli*, «muchos»; *xenos*, «extranjero», es decir, «que recibe muchas visitas»).

POMPEYO:

Del latín *Pompeius*, «pomposo, fastuoso», y éste del griego *pompé*, «solemnidad». Personaje célebre: rival de Julio César, vencido por éste en Farsalia. En femenino, advocación mariana.

PONCE:

Variante de Poncio.

PONCIO:

Procedente del latín *Pontus*, «mar», o más probablemente del numeral *pontis*, análogo al latín *quinque*, «cinco», «quinto».

PORFIRIO:

Del griego *Porphyrion*, «de color púrpura». Generalmente como alusión a la cara de los recién nacidos tras un parto difícil.

PRÁXEDES, PRÁXEDIS:

Nombre griego, derivado de *prassein*, «practicar», por lo que significaría «emprendedor, laborioso, activo».

PRESENTACIÓN:

Nombre mariano, evocador de la fiesta de la Presentación de la Virgen María en el Templo. Del latín *Praesens*, «presente» (*prae-sens*, «delante de los sentidos, a la vista»).

PRIMITIVO:

Deriva del latín *Primitivus*, «que está en primer lugar» y también «genuino, original».

PRIMO:

Del latín *Primus*, «primero», aplicado por lo común al hijo primogénito.

PRISCILA, PRISCILLA:

Nombre propio griego, derivado de las raíces *prin*, «de otro tiempo», y *skia*, «sombra, reflejo, silueta». Su significado sería así «reflejo de otro tiempo, antiguo». Para otros se trata en realidad de un diminutivo de Prisca, nombre latino a su vez derivado de *Priscus*, «viejo, antiguo, venerable».

PROCOPIO:

Del griego *Prokopé*, «el que marcha hacia adelante, que progresa».

PRÓSPERO:

Del latín *Prosperus*, «feliz, afortunado». Rasgos característicos: tienen un buen sentido de la vida; son bastante reservados y distantes. Ante la adversidad, se resignan en vez de rehacerse. Tienen una gran inclinación hacia la vida fácil y los placeres.

PRUDENCIA:

Femenino de Prudencio. Rasgos característicos: es firme en sus elecciones y segura en la acción. Cuando se propone llegar a una meta, no ahorra esfuerzos para lograr su fin. Es honesta pero propensa a la cólera repentina y a la obstinación.

PRUDENCIO:

Del latín *Prudens*, «prudente» en el sentido de «avisado, inteligente, despierto» (*pro-videns*, «que ve hacia adelante, que prevé»).

PTOLOMEO:

Nombre griego procedente de la palabra *ptolémos*, «combate», por lo que significaría «luchador».

PURA:

Del latín *Puras*, «puro, sin mácula, casto». Sinónimo de pureza, purificación o concepción. Atributo mariano. Abreviación de Purificación.

PURIFICACIÓN:

Del latín *Purificatio*, «hacer puro, purificar». Nombre alusivo a la purificación de la Virgen María, cuya fiesta se celebra cuarenta días después de Navidad.

PYOTR:

Forma rusa de Pedro.

QUINN:

Apellido irlandés muy común de origen y significado desconocido que últimamente está siendo utilizado como nombre en Estados Unidos.

QUINTILIANO:

Gentilicio de Quintilo (*Quintilianus*). Quintilo deriva del latín *Quintilis*, nombre del mes de julio (primitivamente, quinto del año, hasta su cambio de nombre en honor a Julio César).

QUINTÍN:

Del latín *quintus*, «quinto» (el quinto hijo). Rasgos característicos: humildes, prudentes y de naturaleza bastante cerrada, no son de los que se apoderan de todos los honores del éxito que se les ofrece. Prefieren la tranquilidad y la vida discreta.

QUINTO:

Sinónimo de Quintín.

QUIRICO:

Forma vulgar de Ciriaco (y éste procedente del griego *Kyrios*, «señor»).

QUIRINO:

Nombre mitológico dado a Rómulo después de su muerte, aludiendo a la *curis*, «lanza», con que era representado en las estatuas. Por el mismo motivo, era el sobrenombre de Marte, y también de Júpiter por similitud con el griego *Kyrios*, «señor».

QUITERIA:

Nombre probablemente de origen griego; de Xitone, sobrenombre de Artemisa, por la túnica corta (en griego, *xiton*) con que era representada. Rasgos característicos: éste es el nombre femenino activo y combativo por excelencia. Tienen una voluntad de hierro y están armadas de una irresistible confianza en sí mismas. Son muy activas, quieren que todo lo que está a su alrededor participe en la lucha. No siempre es fácil vivir con ellas, son orgullosas y su amistad a veces es tiránica.

RADAMÉS:

Nombre seudoegipcio que significaría «hijo de Dios». Es el protagonista de la ópera *Aída*. Inspirado en la raíz Ra, nombre del principal dios egipcio, y el sufijo -*mes*, «hijo».

RAE:

Diminutivo anglosajón de Raquel.

RAFAEL:

Nombre hebreo del Antiguo Testamento. *Rapha-el* tiene el significado de «Dios cura». Muy venerado entre los judíos y los cristianos, el arcángel Rafael es uno de los cuatro ángeles principales, entre los que, además de Miguel y Gabriel, hay que incluir a Uriel, que sólo aparece citado en la literatura bíblica apócrifa, tanto en la judía como en la cristiana. Rasgos característicos: son cerebrales, les gusta todo lo inmaterial y abstracto. Son modestos, sensibles, fieles y no les gusta exteriorizarse.

RAFAELA:
Femenino de Rafael.

RAIMUNDO, RAMÓN:
Procedente del sajón, significa «el que aconseja, consejero». Se ha querido ver en este nombre una etimología egipcia «Ra-Amón» pero aparentemente esta teoría carece de base. Rasgos característicos: bajo una apariencia de frialdad, son ardientes y apasionados, también trabajadores afanosos con una naturaleza tenaz. Por su trabajo metódico son superiores a los demás. Tienen una gran voluntad y su firmeza los lleva derechos al objetivo. Son leales y encantadores, amigos seguros, capaces de sacrificarse. Su defecto es una confianza demasiado grande en sí mismos.

RAINIERO:
Forma italiana de un conocido nombre germánico: *Ragin-hari*, «consejero del pueblo». Rasgos característicos: este nombre genera confianza y tranquilidad. Es bastante poderoso. Sabe dar confianza a su interlocutor. Trabaja mucho más de lo que parece.

RAMIRO:
Del germánico *Radmir*, «consejero ilustre». Nombre inmortalizado por una serie de reyes leoneses.

RAMONA:

Femenino de Ramón.

RAND, RANDY:

Del germánico, significa «escudo», «protección». Diminutivos de Randall y Randolph.

RANDALL:

Variante de Randolph.

RANDOLPH, RANDOLF:

Del germánico, significa «lobo protector».

RAQUEL:

Nombre hebreo del Antiguo Testamento. De *rahel*, «oveja». Hija segunda del patriarca Labán y esposa predilecta de Jacob, del cual, después de muchos años de esterilidad, tuvo dos hijos, José y Benjamín. Su historia se narra en el Génesis, capítulo XXIX y siguientes. Rasgos característicos: tiene talento. Su inteligencia se manifiesta en diversas formas y es apreciada por quienes la rodean. Pero su sagacidad y sus raptos de ingenio resultan muchas veces peligrosos. No todos comprenden las agudezas con que contesta a una determinada pregunta, ni las frases hirientes que deja escapar de su boca sin meditación, cuando cree defender lo justo.

RAÚL:

Del germánico Radulfo (*Rad-wulf*, «consejo del lobo, del guerrero»). Rasgos característicos: son buenos

consejeros, tienen un espíritu claro y se expresan con facilidad. Sin embargo, no tienen ambición y no les gusta el trabajo que exige un gran esfuerzo. Son sentimentales y de trato fácil. Influyen en los demás y, a su vez, son influenciables.

RAVI:

Nombre procedente del hindi cuyo significado es «sol». Popularizado por el músico hindú Ravi Shankar.

RAY:

Diminutivo anglosajón de Ramón.

REBECA:

Del hebreo *Rivká*, «lazo» (o de *Ribgah*, «vaca», animal atado con un lazo). Rasgos característicos: posee una marcada tendencia a la pereza. A menudo pierde muchas oportunidades por no actuar con decisión en el momento indicado. Le encanta dormir y siente un verdadero placer en poder hacerlo con tranquilidad. También tiene tendencia a la gula. Le atraen los dulces y las comidas sabrosas y, por ello, debe cuidarse de no engordar demasiado.

RECAREDO:

Del germánico Recaredus, derivado de *Wirkan*, «perseguir, vengar», y *rad*, «consejo». Famoso rey visigodo, introductor del cristianismo en España.

REGINA:

Del latín *Regina*, «reina», aunque presenta también un paralelismo con el germánico *ragin*, «consejo». En los países católicos se usa aludiendo especialmente a la Virgen María (*Regina Coeli*). Rasgos característicos: son de carácter independiente, de naturaleza alegre y de inteligencia media. Dan pruebas de gentileza y de modestia. A veces carecen de confianza en sí mismas, pues son tímidas y demasiado reservadas. Su inteligencia las impulsa siempre a conocer más, intentando penetrar las tinieblas de una ciencia que desean atesorar. En el amor son afectuosas, dulces, cariñosas y fieles, pero a veces pasan cerca de la felicidad debido a su timidez, por no saber declarar su amor al ser amado.

REGINALD:

Forma anglosajona de Reinaldo. Variantes suyas son Ronald y Reynolds.

REGINALDO:

Variante de Reinaldo. Nombre muy popular en la Edad Media.

REINALDO, REINOLDO:

Procede del antiguo alemán *Ragin-ald*, «caudillo que aconseja». Rasgos característicos: en ocasiones deben volverse violentos para triunfar en la vida. De naturaleza muy tenaz, tienen mucho empeño en el éxito de su empresa y no temen dedicarle muchos esfuerzos.

REINHARD:

Forma alemana de Reinaldo.

REMEDIOS:

Advocación mariana, por Nuestra Señora de los Remedios. Del latín *Remedium*, «medicina, remedio».

REMIGIO:

Derivado del latín *remigium*, «remedio». Existe una hipótesis según la cual es un gentilicio de los Remi, antiguo pueblo de la Galia. Rasgos característicos: son de carácter sociable y un poco fantasioso, de fina inteligencia y de voluntad flexible. No les gusta la violencia y dan testimonio de una amistad duradera, abnegada y leal. Tienen un corazón delicado, son cariñosos y sinceros. En el amor no les gusta ser engañados y no engañan a los demás.

RENATA:

Femenino de Renato. Rasgos característicos: es totalmente leal en todos sus actos. Posee distinción en sus modales y es sumamente afectuosa con aquellos que la rodean. Su honestidad es profunda; nace en lo más hondo de su ser y no en convencionalismos o prejuicios exteriores. Es más apta para el trabajo que para los placeres del buen vivir. Sumamente generosa, distribuye alegría a su alrededor, creando felicidad entre sus familiares y amigos. Es amable y cordial con todos.

RENATO:

Del latín *Renatus*, «renacido» (por la gracia de Dios). Típico nombre cristiano, que expresa el efecto del sacramento. Rasgos característicos: son tranquilos, leales, metódicos, perseverantes y, de vez en cuando, un poco fríos. No les falta originalidad, fantasía y cierto sentido de la invención. Son amables, corteses, discretos, reservados, cariñosos y sinceros.

RENAUD:

Forma francesa de Reinaldo.

RENÉ:

Forma moderna de Renato.

RENZO:

Diminutivo de Lorenzo.

RESTITUTO:

Nombre cristiano-romano, aplicado especialmente a conversos. Del latín *Restitutus*, «restituido», aludiendo a la gracia otorgada por los sacramentos.

REX:

Del latín, «rey». Común en los países anglosajones.

REYES:

Advocación mariana referente a la Virgen de los Reyes.

REYNOLD:

Forma inglesa de Reinaldo.

RHONDA:

Nombre de un lugar en el país de Gales que se ha convertido en bastante común para mujeres en Estados Unidos.

RICARDO:

Del antiguo alemán *Ric-hard*, «fuerte, osado, poderoso». Rasgos característicos: tienen una inteligencia muy fina, son de naturaleza asentada y reflexiva. Su espíritu de observación les permite descubrir los pequeños defectos de la humanidad. Actúan con voluntad tranquila y su habilidad para las finanzas los hacen triunfar en el terreno práctico. También poseen condiciones para la música, aunque no las cultiven intensamente.

RICHARD:

Ricardo en francés e inglés.

RICK, RICKY:

Diminutivos anglosajones de Ricardo.

RIGOBERTO:

Del germánico *Ric-berht*, «famoso por la riqueza».

RITA:

Diminutivo de Margarita. Rasgos característicos: las fuerzas más diversas se agrupan en su personalidad creándole un temperamento complejo y difícil de comprender: siente la presencia permanente de lo desconocido. Por momentos su personalidad se hace mística y logra intervenciones milagrosas que dan fe y optimismo a los demás. Llevada por su excesiva fantasía, corre el peligro de caer en la exasperación mental y en falsas ilusiones que deformen la realidad que le ha tocado vivir.

ROBERT, ROB, BOB:

Formas inglesas de Roberto.

ROBERTO:

Nombre muy usual en los países germánicos, derivado de *Hrod-berht*, «famoso, glorioso». Rasgos característicos: son hábiles y excelentes en todo lo que emprenden. Son muy positivos, realistas, de una naturaleza vibrante bajo una apariencia fría, con tendencia a la novedad. Son valientes y tienen facilidad para aceptar todas las tareas difíciles. En el amor, su compañía es muy buscada y saben hacerse querer fácilmente. Quien lleva este nombre posee condiciones para la oratoria y desea ilustrarse cada vez más; esto le brinda la oportunidad de poder dar buenos consejos, aunque corre el riesgo de hacerse vanidoso. A menudo se muestra díscolo y propenso a la polémica.

ROCÍO:

Popular nombre andaluz, alusivo a la Virgen del Rocío. Del latín *Ros*, de donde se deriva *roscidus*, «rociado, cubierto de rocío».

RODERIC:

Forma catalana de Rodrigo.

RODOLFO:

Del germánico *Hrod-wulf*, «lobo», y en sentido figurado, «guerrero glorioso». Es una forma latinizada de Raúl. Rasgos característicos: son aventureros a los que les gusta el movimiento e incluso el riesgo. No se interesan por las cosas pequeñas, son obstinados y aceptan muy poco los consejos. Su carácter caballeroso, dominador y realista les permite ser organizadores de primer orden. Poseen habilidad para enfocar los distintos problemas, pero no pueden evitar las dificultades que les salen al paso, ni tampoco logran evadir las emboscadas a que están expuestos continuamente a lo largo de su existencia.

RODRIGO:

Nombre germánico: de *Hrod-ric*, «rico en gloria, muy glorioso». Nombre muy común en la España medieval, famoso por ser el del último rey visigodo.

ROGELIO, ROGERIO:

Nombre germánico: de *Hrod-gaer*, «glorioso y despierto», o según otra interpretación, de *Hrod-gair*, «famoso por la lanza», «lanza famosa». Rasgos característicos: son realistas, de naturaleza vengativa a veces, y se ponen rápidamente a la defensiva. Son tranquilos y tenaces; sin embargo, no están dispuestos a ceder en sus derechos. Son amigos fieles y grandes enamorados.

ROGER:
Forma inglesa y francesa de Rogelio.

ROLANDO:
Variación de Roldán.

ROLDÁN:
Del germánico *Hrod-land*, «tierra gloriosa». Asimilado posteriormente a Orlando, aunque algunos creen que es un nombre distinto. Roldán fue un paladín medieval de la corte de Carlomagno en el siglo IX, muerto en España al cruzar Roncesvalles.

ROMÁN, ROMANO:
Gentilicio de Roma (*Romanus*), ciudadano de Roma. El nombre de esta ciudad, capital del antiguo Imperio, quizá se explica por el etrusco *Rumi*, «popa de un barco», aludiendo a la situación avanzada de la urbe en el río Tíber, como un barco en el mar. Rasgos características: quien lleva este nombre es un ser firme en sus principios. Posee calma y poder para enfrentar las dificultades que se le presentan. Tiene buenas inspiraciones y su línea de conducta es limpia y recta como él

desea. Velar por la moral es su mayor anhelo y la preocupación constante de su vida.

ROMEO:

Antiguo gentilicio de Roma, que pasó a designar a los peregrinos medievales que a ella se dirigían en «romería». La forma actual aparece influida por el Romeo italiano, popularizado por el drama de Romeo y Julieta.

ROMUALDO:

Del germánico *Hruom-wald*, «mando glorioso». Rasgos característicos: quien lleva este nombre puede considerarse afortunado, porque le aguarda un matrimonio feliz. Tiene grandes posibilidades de enamorarse de una mujer buena, que lo aliente en su camino por la vida. En consecuencia, se le asegura un buen porcentaje de éxito en el porvenir, porque tendrá un motivo para luchar con entusiasmo.

RÓMULO:

Curiosamente el legendario fundador de Roma toma su nombre del de la ciudad y no al revés. Pero también se ha señalado que la loba que lo amamantó junto con su hermano Remo se llamaba Rumina. En otras versiones de la leyenda, Rumina era el nombre de la higuera a la sombra de la cual fue amamantado.

RONALD:

Variante anglosajona de Reinaldo.

ROQUE:

Para unos es un nombre de origen latino, «roca», mientras que otros lo derivan del germánico *Hroc*, «grito de guerra» (de *rohon*, «bramar»). Rasgos característicos: poseen fortaleza espiritual suficiente para sobrellevar todas las dificultades de la vida con estoicismo. Su voluntad es firme y constante cuando se proponen lograr una meta. Aprecian y honran la amistad.

ROSA:

Del latín *rosa*, con el mismo significado, aunque concurre con la raíz germánica *hrod*, «gloria», lo que ha generado numerosos derivados (Rosalba, Rosalina, Rosalinda, Rosalía, Rosamunda, Rosana, Rosario, Rosaura, Rósula, Rosoínda). Rasgos característicos: de naturaleza tranquila, calmada, tenaz, paciente, saben lo que quieren en la vida. Son muy sinceras y su naturaleza recta y seria no les permite siempre ocultar la verdad. A veces, son un poco caprichosas y tiránicas, pero eso no les impide tener muchos amigos. Son sensibles a los requerimientos del amor y no lo admiten más que si se presenta con garantías de larga duración.

ROSALÍA:

Son diversas las hipótesis existentes acerca del origen de Rosalía, compuesto de Rosa y Lia. Se sugiere que deriva del francés Rocelin, o tal vez de las Rosalias, fiestas romanas consistentes en echar rosas sobre la tumba de los difuntos. También podría derivar del germánico *Hrod-lind*, «gloriosa por su dulzura». Santa

Rosalía es patrona de Palermo, ciudad donde nació a principios del siglo XV y murió en 1160. Siendo hija de una noble familia siciliana, se retiró a una cueva a orar.

ROSAMUNDA:

Del germánico Rosamund, procedente de *Hrod-mund*, «que protege por la fama», identificado posteriormente con la expresión latina *Rosa munda*, «rosa pura».

ROSARIO:

Del latín *Rosarium*, «rosal, jardín de rosas», pero en realidad es un nombre evocador de la devoción mariana del Rosario. La celebración de la Virgen del Rosario es originariamente la conmemoración de la victoria obtenida en Lepanto, en el año 1571, sobre el poderío naval turco. La famosa batalla tuvo lugar en el día en el que las cofradías romanas del Rosario celebraron una solemne procesión. La victoria fue atribuida a la intercesión de la Virgen.

ROSAURA:

Del germánico *Hrod-wald*, «gobernante glorioso»; posteriormente identificado con el latín *Rosa aurea*, «rosa de oro».

ROSENDO:

Del germánico *Hrod-sinths*, «que va hacia la fama».

ROWENA:

Nombre irlandés, «justa».

ROXANA:

Del persa *Roakshna*, «brillante». Ha sido identificado con Rosana y también con Rosa. Roxana fue la mujer de Alejandro Magno.

RUBÉN:

Nombre hebreo. La tradición lo asocia con la frase pronunciada por Lía al alumbrar a su hijo: «(Dios) ha visto mi aflicción» (*Raá beonyi*). Más probable parece una derivación de *ribal*, «león» o «lobo». Rubén fue el mayor de los hijos de Jacob, a quien éste desposeyó de la primogenitura por su mala conducta.

RUFINO:

Se trata de un gentilicio (*Rufinus*) del latín *Rufo* (*rufus*, «rojo, de pelo rojo»), uno de los nombres más populares en Roma. Hoy es muy corriente todavía en algunos lugares. Rasgos característicos: están dotados de energía y de voluntad, son muy hábiles para dirigir sus negocios. Su inteligencia es sólida y su memoria excepcional. Tienen una sociabilidad media y no son exaltados.

RUFO:

Del latín *Rufus*, «rojo» (por el color del pelo).

RUGGERO:

Forma italiana de Rodrigo.

RUPERTO:

Forma antigua de Roberto.

RUT, RUTH:

Nombre propio hebreo, con el significado de «vecina, amiga». Otros lo equiparan a «belleza». Fue la bisabuela de David. Rasgos característicos: es como si todas las fuerzas de la naturaleza se desencadenaran en su ser. Es agresiva, cruel y magnífica a la vez. Salta sobre todas las dificultades para llegar a la meta que se propone. No existen problemas que la abrumen ni obstáculos que la detengan. Todo es posible, cuando ella quiere.

RUY:

Sinónimo de Rodrigo.

RYAN:

Nombre irlandés muy común cuyo significado y etimología no están del todo claros. Normalmente se le atribuye el significado de «rey».

SABAS:

Derivación de *Sabaeus*, gentilicio de Saba, antiguo nombre de Arabia.

SABINA, SABINO:

Etimología: del latín, «del país de los sabinos», cuya unión con los latinos (simbolizada en el célebre rapto de las sabinas) dio origen a la ciudad de Roma. La misma raíz latina *sabinus* ha dado Sabina y Sabino, nombres llevados por varios santos.

SACHA:

Diminutivo de Alejandro.

SADURNÍ:

Forma catalana de Saturnino.

SALIM:

Nombre árabe, significa «tranquilidad, calma».

SALLY:

Diminutivo inglés de Sara.

SALOMÉ:

Considerado la forma femenina de Salomón y éste del hebreo *Shlomó*, «pacífico», es más bien una helenización del hebreo *shalem*, «completo, perfecto».

SALOMÓN:

Del hebreo *Shlomó*, «pacífico», aunque en realidad es una helenización del hebreo *shalem*, «completo, perfecto». Rasgos característicos: la principal cualidad de las personas que llevan este nombre es la sabiduría. Son justos, imparciales y dotados. En el amor saben entregarse con fidelidad.

SALUSTIANO:

Gentilicio del latino *Salustius* o *Sallustius*, «sano, saludable».

SALVADOR:

Nombre alusivo a Cristo (del cual es semánticamente equivalente), salvador de todos los hombres, usado en los primeros siglos cristianos en lugar de Jesús, cuyo uso era irreverente. Es un nombre bastante usado en España e Italia.

SALVIO:

Del latín *Salvus*, «salvado», aplicado especialmente a los nacidos en un parto dificultoso.

SAM:

Abreviación de Samuel.

SAMUEL:

Etimológicamente parece derivado de *Samu'el*, «Dios escucha». Popular nombre hebreo, de gran uso todavía en los países anglosajones. El Tío Sam representa alegóricamente a Estados Unidos, aunque su creación se debió al juego de palabras U. S. (United States, asimilado a Uncle Sam). Rasgos característicos: muy finos, muy diestros, no siempre se resisten a la tentación de engañar a los demás. Son muy hábiles. Quien lleva este nombre posee habilidad para desenvolverse en cualquier actividad, y, además, tiene intuición para captar las cosas rápidamente.

SANCHO:

Nombre español de origen latino, que significa santo. Personaje célebre: Sancho Panza, compañero de don Quijote de la Mancha, en la obra de Cervantes.

SANDRA:

Nombre italiano, diminutivo de Alexandra.

SANDY:

Diminutivo anglosajón de Sandra.

SANSÓN:

Nombre propio hebreo derivado de la raíz *Simson*, «sol», o, en sentido metafórico, «baluarte». Su significado es «baluarte, fortaleza (en relación con su gran fuerza física)», o bien «perteneciente al sol». Otros opinan que se deriva de *Saman*, «destruir». Fue el último de los jueces mayores, hijo de Manoah, de la tribu de Dan. Su historia se narra en el Libro de los Jueces, capítulos XIII al XV. Rasgos característicos: son hombres inteligentes y fuertes. Les gusta la naturaleza y las bellas artes. Usualmente, son el prototipo del verdadero deportista.

SANTIAGO:

Nombre derivado del grito de guerra medieval cristiano *Sancte Jacobe*, aludiendo al apóstol evangelizador de España. Su abreviatura Sant Yago o Sant Yagüe dio lugar al nombre actual.

SANTOS:

Nombre evocador de la festividad de Todos los Santos.

SARA:

Es uno de los nombres femeninos más populares en todos los tiempos. Según el génesis, inicialmente su portadora se llamaba Saray, «princesa», pero luego cambió a Sara a propuesta de Yahveh, porque según el relato bíblico «sería, en su decadencia, madre de numerosos reyes». Siendo esposa de Abraham, fue a Egipto con su marido, y como éste dijera que era hermana suya, el faraón quiso tomarla por esposa; pero cayeron sobre su reino plagas tan extraordinarias, que llamó a Abraham, y enterado de la verdad, le recriminó su fingimiento y se la devolvió, despidiéndolos de su reino. Sara, que era estéril, aconsejó a Abraham que se uniese con Agar, esclava egipcia, de la cual tuvo a Ismael; pero a los noventa años supo de Dios, a través de un ángel, que tendría un hijo, lo cual le parecía tan increíble que no pudo contener la risa. Se cumplió el anuncio y dio a luz a Isaac; más tarde indujo a su marido a que arrojara de su casa a Agar e Ismael. Rasgos característicos: son mujeres de un temperamento ardiente, impetuoso, que saben mostrarse amables con su familia y con las personas que las rodean. Lo más importante de su personalidad es el espíritu de justicia, que no retrocede ante nada. Es capaz de llegar al sacrificio y a la renuncia por lograr lo que es justo. Su existencia es una continua búsqueda de la verdad y el equilibrio. Medita antes de obrar y hablar, porque antes de reclamar justicia de los demás, comienza por practicarla ella misma.

SATURIO:

Variante de Satur, y éste de Sator y de Saturno. Sator en latín es «sembrador» y también «creador, padre». Otros lo hacen derivar del latín *Saturus*, «saciado, saturado».

SATURNINO:

Del latín *Saturninus*, gentilicio de Saturno, el dios mitológico equivalente al griego Cronos, mítico rey del Lacio devorador de sus hijos (a ello alude el nombre de *Satur*, «tragón»). San Saturnino fue el primer obispo y es el patrón de Tolosa.

SCOTT:

Nombre inglés muy antiguo, significa «escocés».

SEAN, SHANE:

Formas irlandesas de Juan.

SEBASTIÁN:

Procedente del griego *Sebastós*, «digno de respeto, venerable, majestuoso» (*sebas*, «veneración»), título que se daba al emperador y que significa «honrado, respetable». Rasgos característicos: quien lleva este nombre es serio y honesto en su proceder, pero además posee audacia, espíritu de independencia e imaginación. Es tranquilo y equilibrado en la acción. Resulta comprensivo en su trato con los demás y el amor ocupa un lugar importante en su vida.

SECUNDINO:

Del latín *secundus*, «el segundo hijo».

SÉFORA:

Nombre bíblico de la esposa de Moisés. Del hebreo *Zipporah*, «ave».

SEGISMUNDO:

Nombre germánico, *Sig-muni*, «que protege por la victoria». Famoso especialmente en los países del centro de Europa, donde ha sido llevado por varios emperadores. Fue introducido también en España, donde designó al protagonista de *La vida es Sueño*, de Calderón de la Barca.

SEGUNDO:

Del latín *Secundus*, «segundo», que alude a los nacidos en segundo lugar.

SELENE:

Diosa griega. La Luna.

SEMPRONIO:

Del latín *Sempronius*, aunque posiblemente sea anterior, de origen etrusco.

SENÉN:

Derivado de Zen, sobrenombre de Júpiter en griego, aunque otros opinan que se trata de un nombre de origen persa.

SEPTIMIO:

Nombre de una familia romana, a la que pertenecía el emperador Septimio Severo. Del latino *Septimus*, «séptimo (hijo)».

SERAFÍN:

Del hebreo *saraf*, «serpiente», con el plural *seraphinz*. Alude a la serpiente de bronce utilizada por Moisés como amuleto el Arca de la Alianza. Rasgos característicos: suelen tener una vida muy agitada, colmada de proyectos y con numerosos altibajos.

SERAPIO, SERAPIA:

Del latín *Serapion*, aludiendo a Serapis, alta divinidad egipcia trasplantada a los panteones griego y romano. Finalmente fue adoptado por el cristianismo.

SERENA:

Del latín *Serenus*, «sereno, claro, tranquilo». Nombre cuya popularidad ha renacido en los últimos años.

SERGIO:

Del gentilicio latino *Sergius*, «guardián», «servidor». Rasgos característicos: son personas muy influenciables, a pesar de poseer fina inteligencia. Sus razonamientos son equilibrados pero su voluntad es débil en la acción. Son simpáticos en el trato con los demás, aunque un poco retraídos. En el amor son celosos y una mujer puede perjudicarlos.

SERVANDO:

Nombre cristiano-romano, *Servandus*, «el que guarda u observa» (refiriéndose a la ley).

SEVERIANO:

Gentilicio de *Severo* (*Severianus*).

SEVERINO:

Derivado de *Severus*.

SEVERO:

Del latín, «severo, austero», nombre de un emperador romano y de un santo barcelonés.

SHIRLEY:

Nombre anglosajón, «prado brillante», muy popular en Estados Unidos.

SIBILA:

Del griego Sybylla, de Siós (forma dórica de «Júpiter, Dios»), y *bolla*, «voluntad», «voluntad de Dios». Nombre de la sacerdotisa que expresaba las profecías del oráculo.

SIEGFRIED:

Forma germánica de Sigfrido.

SIGFRIDO:

Nombre germánico, *Sieg-frid*, «victorioso pacificador». Muy popular en los países nórdicos por la epopeya de los Nibelungos, cuyo héroe principal lleva este nombre.

SIGMUND:

Segismundo en alemán.

SILAS:

Forma aramea de Saúl, confundido en latín con Silvano. San Silas fue discípulo y compañero de san Pablo.

SILVANA:

Del latín *Silvanus*, «de la selva, silvestre». Nombre muy popular en Italia.

SILVERIO:

Del latín Silverius, y éste de silva, con el significado de «bosque, selva».

SILVESTRE:

Del latín *Silvestris*, «de la selva, silvestre». Rasgos característicos: poseen una inteligencia reflexiva y lenta con un encanto casi lánguido, son galantes y un poco fantásticos. Les encanta la soledad y a veces son obstinados. En el amor, su obstinación les hace conservar siempre el mismo temperamento que en la vida y en el trabajo.

SILVIA:

Del latín *Silva*, «bosque». Aplicado, como sobrenombre, a la legendaria Rhea Silvia, madre de Rómulo y Remo, fundadores de Roma. Rasgos característicos: aparentemente parece pretenciosa y superficial. No está hecha para los razonamientos filosóficos. Prefiere nutrirse de sueños y crear un mundo imaginario en el que ella reina. A pesar de vivir aferrada a sus fantasías, cuando éstas se destruyen por un golpe de la realidad, no se sorprende ni se desespera. Hace una pausa, y retorna el camino como si nada hubiera pasado, con el mismo fervor y entusiasmo.

SILVIO:

Del latín, «habitante de la selva». Rasgos característicos: de carácter obstinado e inteligencia notable, aunque muestra cierta lentitud en el razonamiento. Tiene gran capacidad de asimilación y por lo tanto aprovecha al máximo cualquier estudio realizado. Es buena persona y obra siempre de acuerdo a sus impulsos.

SIMEÓN:

Nombre propio hebreo derivado de la raíz *sim*, «oír». Su significado es «Yahveh ha oído, ha escuchado». Nombre del segundo hijo de Jacob y Lía.

SIMÓN:

Variante de Simeón influida por el griego Simón, de *Simós*, «nariguo». Difundida por Simón Barjonás, que tras cambiar su nombre a Pedro sería el primer pontífice de la Iglesia. Rasgos característicos: se aferran a todo lo positivo, lo palpable y real. Por lo tanto, tienen una visión bastante acertada del mundo que los rodea y pueden aconsejar actuar objetivamente. Tienen oportunidades de progreso material y financiero que saben aprovechar al máximo.

SIMONA:

Femenino de Simón.

SIMPLICIO:

Del latín *simplex*, *simplicis*, «simple, natural, sin artificio, puro». San Simplicio, papa, sucedió en la sede pontificia a san Hilario en el año 468. Le cupo el destino de ver el hundimiento definitivo del Imperio romano de Occidente.

SINFORIANO:

Variante de Sinforoso, nombre que procede del griego *Symphorá*, «que va junto, acompañante». Puede referirse también a *symphoria*, «calamidad», en el sentido de «desdichado».

SINFOROSO:

Del griego *Symphorá*, «que va junto a, acompañante», es decir, «útil». Interpretado a veces como «desgraciado».

SISEBUTO:

Procedente del germánico *Sisi*, «encantamiento», y *bodo*, variante de *bald*, «audaz».

SISENANDO:

Etimología: del germánico *Sigisnands*, «atrevido por la victoria».

SIXTO:

Nombre de origen riego: de *Systós*, «liso, pulido», aunque posteriormente ha sufrido la influencia del latín *Sextus*, «sexto», referido al sexto hijo. Nombre llevado por numerosos papas, varios de ellos canonizados.

SOCORRO:

Advocación mariana: Nuestra Señora del Perpetuo Socorro. Etimológicamente procede del latín *Subcurro*, «correr por debajo, socorrer».

SÓCRATES:

Nombre griego: compuesto de *soos*, «sano», y *kratos*, «fuerza». Significa por tanto «sano y fuerte». Sócrates, famoso filósofo griego, nació y murió en Atenas y vivió entre los años 470 y 400 a. de C. Platón y Aristóteles le deben su inspiración y su método. Intervino como soldado en las batallas de Tanagra y Delium, en la última de las cuales salvó la vida a Jenofonte y Alcibíades, y como ciudadano cumplió fielmente sus deberes de la vida civil y privada; pero su lucha contra los sofistas y la franqueza de sus enseñanzas morales y políticas le acarrearon muchos enemigos. Fue acusado de corromper a la juventud y de menospreciar a los dioses, introduciendo divinidades nuevas; no quiso defenderse y fue condenado a beber la cicuta. Por no desobedecer las leyes rechazó los medios que le ofrecieron sus discípulos para evadirse de la prisión, y sufrió la muerte con ejemplar serenidad filosófica. Su proceso y muerte se describen en la *Apología de Sócrates*, de Jenofonte, y en los diálogos platónicos del Critón y el Fedón.

SOFÍA:

Nombre griego, *Sophia* es «sabiduría» en todos los sentidos. Este nombre ha experimentado un nuevo auge en España en las últimas décadas, al aparecer, por primera vez, en la casa real. Rasgos característicos: tiene en sí la sabiduría de la vida. Es firme y sensata en sus convicciones. Cuando se traza una meta, nada puede apartarla del camino elegido. No abandona sus principios ni aun en aras de una gran felicidad ansiada, o de una pena intensa que conmueva todo su ser. No teme a Dios, porque vive de acuerdo a sus preceptos y lo venera desde el fondo de su alma. Es cariñosa con todos los que la rodean y ama los niños con devoción.

SOL:

Del latín *Sol*, el astro y dios. Es por ello nombre en principio masculino, aunque en España ha ido feminizándose a causa de la Virgen del Sol, en Andalucía.

SOLANGE:

Del latín *Solemnis*, de *Solus-amnis*, «una sola vez al año, solemne».

SOLEDAD:

Advocación mariana, alusiva a la soledad en que se encontró la Virgen en la pasión de su Hijo.

SOLIMÁN, SULEIMÁN:

Formas árabes de Salomón.

SONIA:

Forma rusa de Sofía (original Sonja), que se ha convertido en la práctica en nombre independiente. Rasgos característicos: fantástica y liberada. Puede tener a veces aspecto de chico. Sus palabras son agudas y su espíritu, decidido.

SOTERO:

Nombre de origen griego, cristianizado posteriormente. De *Soter*, «salvador», aplicado inicialmente a Júpiter y después, por extensión, a Jesucristo.

SPENCER:

Nombre inglés. Más común como apellido pero también se usa como nombre. Significa «tendero».

STEPHEN, STEPHAN:

Formas inglesa y francesa de Esteban.

SULPICIO:

Nombre romano, portado por ilustres oradores y tribunos. Sulpicius, de origen incierto, quizá relacionado con Sula o Sila, el dictador, o con *Sulphur*, «azufre».

SUSANA:

Nombre muy usado en la actualidad en todos los países de habla hispana. Del hebreo *Shushannah*, «lirio gracioso», o «blanca como el lirio». Rasgos característicos: de inteligencia media, de naturaleza vacilante, gentiles, amables y guapas. Tienen una gran facilidad de adaptación y una gran confianza en sí mismas. Son muy femeninas y espontáneas, apreciadas en sociedad y gustan mucho al sexo opuesto. Son complacientes y dispuestas a prestar ayuda. Son muy buenas esposas y, cuando aman, expresan vivamente sus sentimientos; buscando siempre el cariño, cautivan sin esfuerzo.

SVEN:

Nombre muy común en Dinamarca y el norte de Alemania, significa «joven».

TADEO:

Etimología: del irlandés formado sobre el latín *Thaddaeus*, «el que alaba», o tal vez del griego *Theudas*.

TAHIRA:

Nombre árabe, «pura, virginal».

TALIA, THALIA:

Puede proceder del hebreo, «rocío celeste», aunque muchas veces es usado como un diminutivo de Natalia.

TAMAR, TAMARA:

Etimología: del hebreo *Thamar*, «palmera». Nombre muy corriente en Rusia en la forma Tamara y ahora también en España.

TAMMY:

Diminutivo anglosajón de Tamara.

TANCREDO:

Del germánico *Thank-rad*, «el de consejo inteligente», nombre muy común durante toda la Edad Media.

TANIA:

Forma familiar abreviada de Tatiana, que a su vez, es un gentilicio de Tacio, legendario rey de los sabinos, que reinó con Rómulo. Procede de la voz infantil *tata*, «padre». Rasgos característicos: gran soñadora. Puede llegar a mentir cuando la realidad no es de su gusto.

TARSICIO:

Del griego *Tharsíkios*, «valiente» (*tharsos*, «valor, atrevimiento, audacia»).

TÁRSILA:

Tiene el mismo origen que Tarsicio, quizá en diminutivo latino, Tarsilla.

TATIANA:

Forma rusa de Taciana. Deriva del nombre propio Tatius, Tacio, rey de los sabinos. Rasgos característicos: son amables, graciosas, encantadoras y conscientes de lo que valen. Al ser valientes y muy disciplinadas, son capaces de arreglárselas en todas las circunstancias. Son poco influenciables y poseen una excelente memoria. Son muy posesivas y ansiosas.

TECLA:

Nombre de origen griego: *Théoskleos*, «gloria de Dios».

TEDDY:

Diminutivo inglés de Teodoro.

TELÉMACO:

Nombre griego, derivado de *tele*, «lejos», y *machos*, «combatiente», por lo que significa algo así como «el que combate a distancia».

TELESFORO:

Nombre griego: de *Telesphoron*, «mensajero».

TELMO:

Sobrenombre de san Pedro González.

TEOBALDO:

Nombre procedente del germánico *Theudobald*, «pueblo audaz».

TEODOMIRO:

Procede del germánico *Theud-mir*, «pueblo insigne». Nombre muy corriente en la Edad Media.

TEODORA:

Femenino de Teodoro. Rasgos característicos: su aspecto exterior es majestuoso y elegante. Es armoniosa en sus movimientos y ejerce una sugestión extraña sobre quienes la tratan. Parece serena y segura de sus convicciones pero en su interior se agita la llama de la pasión, que a veces se agiganta hasta producir una verdadera explosión de cólera o celos, desconcertando a todos los que no conocían esta faceta suya agresiva y ardiente.

TEODORICO:

Del germánico *Theud-ric*, «pueblo poderoso». Sin relación con Teodoro.

TEODORO:

Del griego *Theodoros*, «don de Dios». Nombre muy popular en la Edad Media, llevado por numerosos emperadores y reyes y nada menos que por treinta y un santos. Rasgos característicos: son sencillos y buenos. Famosos por su buen sentido, que les permite juzgar sanamente, sacando las conclusiones más exactas. De carácter independiente, son muy sinceros y buenos amigos. En el amor son razonables y no se dejan llevar por las pasiones con facilidad.

TEODOSIO:

Del griego *Theosósios*, «dádiva de Dios», mismo significado que Teodoro.

TEOFANES:

Del griego *Théos-phainein*, «aparición de Dios, resplandor de Dios».

TEÓFILO:

Etimología: del griego *Téophilos*, «que ama a Dios», o «que es amado por Dios».

TERENCE, TERRY:

Formas inglesas de Terencio.

TERENCIO:

Del latín Terentius, nombre llevado por una familia romana. Alusión a Terentum, lugar del campo de Marte destinado a la celebración de juegos.

TERESA:

Aunque este nombre fue siempre muy usado en Castilla, con santa Teresa de Jesús conoció una expansión universal, redoblada posteriormente por la santa francesa, Teresita del Niño Jesús (siglo XIX). El significado no está claro: es corriente considerarlo forma femenina del nombre mitológico Theresios (y éste de *Thereios*, «animal salvaje», lo que llevaría a la interpretación de «cazador»). Rasgos característicos: es sumamente personal y muy apasionada, pero pone continuo freno a sus deseos. Esto la hace virtuosa y atractiva por la pureza de su alma. Tiene mucha imaginación y gran voluntad para el trabajo y para ayudar a los demás. Aunque su aire soñador, y su natural timidez, la hacen parecer un tanto desganada o perezosa, esto no es cierto, porque siempre estará lista para colaborar si se le pide de buen modo. Su alma es grande y generosa.

THAIS:

Nombre de origen incierto, quizá derivado de *Thais*, especie de vendaje para la cabeza. Santa Thais, famosa penitente, vivía en Egipto hacia mediados del siglo IV.

THELMA, TELMA:

Nombre procedente del griego, «voluntad», aunque no existen registros de su uso antes de la segunda mitad del siglo XX.

THIERRY:

Forma francesa de Teodorico. Este nombre está siendo muy popular en las últimas décadas en numerosos países.

TIAGO:

Forma portuguesa de Santiago.

TIBERIO:

Nombre procedente del latín, llevado por varios emperadores de Roma.

TIBURCIO:

Del latín *Tibures*, gentilicio de Tibur, hoy Tívoli, barrio de Roma situado en la colina del mismo nombre.

TICIANO:

Nombre muy común en la antigua Roma, cuya onomástica se celebra el 16 de enero.

TIFFANY:

Del griego *Teofanía*, «aparición de Dios». Nombre muy popular en Estados Unidos.

TIMOTEO:

Del griego *Theos*, «Dios», y *tymo*, «corazón, espíritu». Significa, por tanto, «espíritu divino, coraje divino». Rasgos característicos: quienes llevan este nombre tienen en sí mismos la esperanza del éxito, con grandes posibilidades de verlo plenamente realizado. Su optimismo y su fe son los rasgos más notables, que los impulsan hacia el triunfo.

TIRSO:

Etimología: nombre latino procedente de la palabra griega *Thyrsos*, «bastón guarnecido de hojas de parra», utilizado en las fiestas bacanales de carácter mágico-religioso, en honor al dios Baco.

TITO:

Nombre de una familia romana, de donde salió un emperador. Aunque pretendieron asimilarlo a la voz *Tites*, «protegido, honrado», la realidad es que se trata de una palabra etrusca de significado desconocido.

TOMÁS:

Del arameo *Thomas*, «gemelo». El nombre griego del apóstol santo Tomás era Didymos, que igualmente significa «mellizo». Rasgos característicos: de temperamento instintivo y falto de empuje para la acción. Le cuesta decidirse a tomar una actitud determinada porque analiza y argumenta demasiado las posibilidades. Es serio, bueno y trabajador.

TORCUATO:

Del latín *Torquatus*, «adornado con un collar» (*torquis*, «collar», por *torqueo*, «torcer»).

TORIBIO:

Del griego *Thoríbios*, «ruidoso, estrepitoso, movido».

TOSÍAS:

Nombre propio hebreo, Tobiyyahu, compuesto por el adjetivo *tob*, «bueno», y Yahveh. Su significado es por ello «Yahveh es bueno».

TRACY:

Diminutivo anglosajón de Teresa.

TRANQUILINO:

Nombre de familia romano que significa «tranquilo, sereno», muy usual en Italia.

TREVOR:

Antiguo nombre galés que se expandió mucho durante la época victoriana. Significa «gran heredad».

TRINIDAD:

Nombre evocador de la cualidad triple y a la vez única de Dios.

TRISTÁN:

Nombre que se popularizó a partir del drama lírico de Wagner *Tristán e Isolda*. Su etimología es incierta. Para unos procedería de la voz celta *Drest*, «ruido, tumulto», o de *Trwst*, «mensajero, heraldo». Para otros, del germánico, derivándose de Thor, dios de la guerra, junto con *stein*, «piedra», lo que daría «gema de Thor», mientras que algunos lo hacen derivar del latín «triste».

TRÓFIMO:

Del adjetivo griego *Trophimos*, «que alimenta, fecundo». San Trófimo fue compañero del apóstol san Pablo.

UBALDO:

Del germánico *Hug-bald*, «de espíritu audaz». Nombre muy popular en Italia por san Ubaldo, obispo de Gubbio.

UDO:

Sinónimo de Ulrico.

ULISES:

Nombre mitológico procedente de las leyendas de la antigua Grecia. Procede de la forma griega original, *Odysseus* (para éste se ha propuesto *Odios*, «camino, el que hace camino», aludiendo a su largo regreso al hogar, y también *Odyssesthay*, «colérico», a causa de su carácter). Hijo y sucesor de Laertes, rey de Itaca, esposo de Penélope y padre de Telémaco. Al estallar la guerra de Troya, trató de eludir la contienda, fingiéndose loco, pero la estrategia fue descubierta. Fue Ulises quien encontró a Aquiles disfrazado de doncella y lo conminó a acudir al sitio de la ciudad de Príamo. Homero lo presenta como un guerrero valiente y astuto. Tiene un papel destacado en *La Ilíada* y es el protagonista de *La Odisea*, relato de las hazañas que protagonizó hasta su feliz regreso a Itaca, su patria. Rasgos característicos: su carácter no es fácil de determinar. Todo lo que se sabe de ellos es que son prudentes, astutos y dóciles.

ULRICO:

Nombre germánico en el que posiblemente concurren varias fuentes distintas. De *Ulda-ric*, «voluntad poderosa», o de *Ald-ric*, «gobernante poderoso». O incluso de *Udal-ric*, «patria poderosa».

URBANO:

Del latín *Urbanus*, «de la ciudad», o también «pulido, bien educado». Ha habido varios papas con este nombre.

URÍAS:

Etimología: del hebreo *Ur-iah*, «luz de Dios».

URIEL:

Similar a Urías.

URRACA:

Nombre femenino frecuente en la Edad Media en Castilla, de origen incierto, probablemente del germánico *Ur*, «uro». Se suele asimilar a María.

ÚRSULA:

Es uno de los muchos derivados de Urso (latín *Ursus*, «oso»), con el significado de «osita». Rasgos característicos: las Úrsulas son muy independientes, bastante hábiles y desenvueltas. No son demasiado sociables, pero sí bastante buenas y no buscan los cumplidos. Son dadas al ensueño, no les gustan los extremos y buscan sobre todo la tranquilidad y la armonía.

URSULINA:

Derivado de Úrsula.

VALENTÍN:

Nombre bastante utilizado en las últimas décadas a causa de la tradición anglosajona que lo hace patrón de los enamorados. Es un gentilicio de Valente y éste del latín *Valens*, «que vale», es decir, «que tiene salud, sano». Rasgos característicos: son prudentes, alegres, optimistas, tienen el deseo de gustar y el gusto por los adornos. Mediante un trabajo afanoso, brillan especialmente cuando están llamados a realizar algo que necesita mucha atención y un espíritu tenaz. Son amigos fieles y seguros. Poseen ingenio y condiciones para realizar estudios especializados.

VALENTINA:

Femenino de Valentín. Rasgos característicos: es coqueta y conquistadora. Le gusta agradar, ya sea con fines nobles o por interés. No se sabe si por gusto, por capricho o por pasión, muchas veces se deja engañar. No ve la trampa que se le tiende porque no cree en la traición. Pero, cuando por desgracia llega el momento en que se sabe engañada, su reacción es terrible. La mentira la enardece y entonces no responde de sí ni de las consecuencias que su ira desencadena a su alrededor.

VALERIA:
Femenino de Valerio.

VALERIANO, VALERIO:
Misma etimología que Valentín.

VALÉRIE:
Forma francesa de Valeria.

VANESSA, VANESA:
Nombre inventado por el poeta Jonathan Swift en su obra *Cadenus and Vanessa*.

VANIA:
Diminutivo ruso de Juan.

VELASCO:
Etimología: del germánico *Bela*, «cuervo», o tal vez del euskérico *Belas-ko*, «del prado». Originador del apellido Velázquez.

VENANCIO:

Del latín *Venantium*, derivado de *Venator*, «cazador».

VENCESLAO:

Del checo antiguo *Veceslav*, «el más glorioso».

VENTURA:

Del latín *Venturum*, «lo que ha de venir». Nombre de buen augurio asimilado a Buenaventura.

VERA:

Del latín *Verus*, «verdadero», aplicado especialmente por alusión a la Vera Cruz. Rasgos característicos: necesita, como algo indispensable para vivir, estar rodeada de amistades y afectos sinceros. En los seres queridos es donde ella encuentra compensación a todos los sinsabores de la vida. Ellos son refugio, esperanza y aliciente para luchar con mayor fervor y optimismo. Y este amor y cariño que prodiga a los demás los recibe con creces de retorno, lo que causa su felicidad.

VERÓNICA:

Según la tradición, es el nombre de la piadosa mujer que limpió la cara de Jesucristo en la Pasión (de donde la legendaria interpretación *Vera-eikon*, «auténtica imagen»). Para muchos, es una deformación de Berenice. Rasgos característicos: toda su vida es un camino hacia la superación. Busca las verdades eternas, lo trascendente y las cimas del pensamiento humano. Atrae por su frescura espiritual, por sus pensamientos límpidos y claros, siempre bienintencionados. Sus vinculaciones sentimentales son firmes y duraderas, porque están basadas en un conocimiento de la personalidad y en el deseo intenso de lograr la comprensión.

VESTA:

Nombre procedente del latín, su significado es «diosa de la casa».

VICENTE:

Del latín, «vencedor». Rasgos característicos: tienen un corazón de oro, son muy caritativos, de espíritu muy fino y muy intuitivo. Son grandes realizadores, ingeniosos, con una voluntad tenaz, pero pueden carecer de flexibilidad.

VICKY:

Diminutivo de Victoria.

VÍCTOR:

Del latín *Victor*, «vencedor». Rasgos característicos: quien lleva este nombre es enérgico y voluntarioso. Puede prosperar en la vida porque su espíritu de realización lo lleva siempre adelante. A veces resulta un poco orgulloso y se deja arrebatar por los celos, pero avanza continuamente en sus proyectos.

VICTORIA:

Advocación mariana. Es también forma femenina de Victorio (y éste del latín *Victorius*, «victorioso»). Rasgos característicos: están llenas de fecundidad y de fuerza. De espíritu realizador y de naturaleza orgullosa, saben amar y se apegan fácilmente a quienes les manifiestan alguna simpatía.

VICTORIANO, VICTORINO:

Gentilicios de Víctor (*Victorianus*).

VIDAL:

Etimología: del latín *Vitalis*, «vital, que tiene vida, sano», quizá aludiendo a la vida sobrenatural.

VILMA:

Diminutivo anglosajón de Guillermina.

VIOLANTE:

Etimología: del germánico *Wioland*, «riqueza, bienestar». Nombre muy común en la Edad Media. En España, un personaje célebre con este nombre fue reina de Aragón y esposa de Jaime I, en el siglo XIII.

VIOLETA:

Alude a la virtud cristiana de la modestia, simbolizada en la flor de este nombre. Rasgos característicos: inteligentes, gentiles, amables, espontáneas y un poco ligeras. Brillan sobre todo por la vivacidad de su temperamento, que es risueño. Son muy buscadas, nunca saben a quién dar su corazón; saben amar con fidelidad y fundar un verdadero hogar en el que viven dentro de una alegría constante. A veces les falta reflexión para medir de antemano las consecuencias de sus actos. Pero luego, cuando llega el fracaso, felizmente tienen fuerzas para surgir de entre las ruinas y volver a retomar el camino. Entonces, lo sucedido se convierte en una experiencia útil para el futuro, y acrecienta su espíritu de lucha.

VIRGILIO:

Nombre romano (Virgilius), llevado por el poeta autor de *La Eneida*. Quizá derivado de *virgis*, «vara, rama». Para otros se derivaría del latín *Virginius*, «virginal».

VIRGINIA:

Nombre latino derivado de *virgo, virginis*, «virgen». También puede proceder del gentilicio etrusco *Verena*, de significado poco claro (probablemente, «fuego»). Rasgos característicos: son de una inteligencia fina, se adaptan fácilmente y tienen una voluntad dócil. Son muy abnegadas, les gusta hacer favores a sus amigos y verlos satisfechos y sonrientes. Por sus buenos pensamientos y sus sentimientos puros, siembran confianza y recogen alegrías. Siempre arrojan el mal lejos de sí. Tienen el arte de saber vivir, contentándose con las pequeñas cosas que a diario hacen la felicidad. Se esmeran por crear un clima cordial a su alrededor. Para ellas el heroísmo consiste en embellecer lo cotidiano y no en las grandes hazañas que se hacen sólo una vez.

VITO:

Forma italiana de Víctor.

VIVIAN, VIVIANA:

Sinónimo de Bibiana. Rasgos característicos: generalmente caprichosa y con fases de excitación a las que siguen otras de depresión, aunque posee una gran fuerza interior y un deseo de mejorarse a sí misma que no se agota jamás. Esta superación de su personalidad atrae simpatías y se hace acreedora de homenajes y proposiciones ventajosas para su futuro. Gracias a ese deseo constante de perfeccionamiento logra el éxito en la vida.

VLADIMIR, VLADIMIRO:

Del eslavo *Vlad*, «poder», y *mer*, «ilustre», lo que nos da «ilustre por su poder». San Vladimiro fue gran duque de Kiev y emperador de Rusia en el siglo X.

WALDO:

Etimología: del germánico *Wald*, «viejo, canoso», y, por extensión, «gobernante, caudillo».

WALLACE:

Del germánico *Wand*, «bandera, insignia».

WALTER:

Nombre germánico. De *Waldhari*, «que gobierna el ejército» (*waldy*, «gobernante», y *hari*, «ejército»). Sinónimo de Gualterio.

WANDA:

Etimología: del germánico *Wand*, «bandera, insignia». Femenino de Wallace. Designaría a uno de los pueblos bárbaros, los vándalos. Nombre de gran popularidad en las últimas décadas en muchos países.

WARREN:

Antiguo nombre anglosajón cuyo significado es «vigilante».

WENCESLAO:

Variante de Venceslao. Rasgos característicos: son un poco influenciables, muy complacientes, dulces y fáciles. Su voluntad no es muy fuerte y a veces generan enredos.

WENZEL:

Forma inglés de Venceslao.

WHITNEY:

Nombre de un lugar, «isla blanca», muy popular en Estados Unidos.

WILHELM:

Guillermo, en alemán.

WILSON:

Hijo de Guillermo. Nombre muy común en algunos países latinoamericanos.

WINEBALDO:

Variante de Vinebaldo, que a su vez lo es de Venebaldo, nombre germánico, formado con *wini*, «amigo» (o con *win*, «vencer, victoria»), y *bald*, «audaz».

WINIFRED:

Del galés «pacificadora», «amiga de la paz». Nombre muy popular en Estados Unidos.

WOLFANGO:

Nombre germánico, compuesto por las voces *wulf*, «lobo, guerrero», *fil*, «lleno, total», e *Ingas* (nombre de un pueblo, los anglios). Otros lo asimilan al significado literal del alemán de hoy, «paso del lobo» (*Wolfgang*).

XAN:

Forma gallega de Juan.

XANTIPA:

Etimología: del griego *Wanthós*, «rubio, amarillo», e *hippos*, «caballo». Nombre de la mujer de Sócrates.

XAVIER:

Patronímico de san Francisco Javier, apóstol de las Indias. Rasgos característicos: son personas de elite, dotadas intelectualmente y muy brillantes, son verdaderos hombres de acción. Muy emotivos y afectuosos, son amigos abnegados. Su amistad es muy buscada, pues saben compartir su éxito con los compañeros de trabajo.

XENIA:

Etimología: del griego *Xenos*, «extranjero, huésped». Sinónimo de Gastón y Gustavo.

XEROMO:

Variante de Jerónimo.

XIMENA:

Forma antigua de Jimena, muy corriente en la Edad Media.

YEHUDI:

Nombre hebreo relacionado con Judith, su significado sería «alabanza».

YOKO:

Nombre femenino japonés que significa «buena, positiva». Probablemente sería totalmente desconocido fuera de Japón de no ser por la esposa de John Lenon, Yoko Ono.

YOLA:

Del griego *Io*, «violeta». Se usa tanto en lugar de Violeta como de Yolanda. Nombre de la amante de Hércules, que causó su ruina.

YOLANDA:

Variante de Violante, popularizado por una hija del rey italiano Víctor Manuel III. Se usa también como variante de Elena. Rasgos característicos: de espíritu un poco quimérico, soñadoras, melancólicas y dulces, no ocultan su necesidad de protección. No son demasiado enérgicas ni demasiado atentas y su espíritu parece vagar por otra parte. Temen los problemas y se refugian en sus sueños. Su evolución es lenta y difícil porque está colmada de choques y desengaños.

YRJO:

Forma finlandesa de Jorge.

YURI:

Forma rusa de Jorge.

YUSUF:

Forma árabe de José.

YVES:

Forma francesa de Ivo.

YVETTE:

Derivado femenino de Ivo.

YVONNE:

Femenino de Ivo. Forma francesa.

5974

ZACARÍAS:

Del hebreo *Zejaryah*, «memoria del Señor». Rasgos característicos: quien lleva este nombre posee inteligencia y abnegación. Es dulce y amable en su trato con los demás y se hace querer realmente.

ZAHRA:

Del árabe, «flor».

ZEFERINO:

Del latín *Zeferinus*, gentilicio del zéfiro o céfiro, «viento de poniente».

ZENAIDA:

Nombre griego que significa «consagrada a Dios».

ZENOBIA:

Femenino de Zenobio.

ZENOBIO:

Etimología: del griego *Zenóbios*, «el que recibe vida de Zeus».

ZENÓN:

Referente a Zeus, Dios de los dioses en la antigua Grecia.

ZITA:

Nombre de una santa italiana, tomado de una antigua palabra toscana que significa «muchacha, doncella, soltera». Precisamente es la patrona de las empleadas de hogar, por la fidelidad con que su portadora sirvió toda su vida a la familia de los Fatinelli.

ZOE:

Etimología: del griego *Zoe*, «vida».

ZORAIDA:

Etimología: del árabe, procedente de *Zarádat*, «argolla», «graciosa». Se identifica con Gracia.